T0086249

Vasija de barro

Vasija de barro

El testimonio vocacional de San Pablo

José A. Sanz

Número de Control de la Biblioteca del Congreso de EE. UU.: 2016919164
ISBN: Tapa Blanda 978-1-5065-1766-7
Libro Electrónico 978-1-5065-1765-0

He traducido las citas bíblicas lo más cercanamente posible al texto original, porque nos acercan más a las expresiones peculiares que utilizó Pablo, aunque a veces sufra el texto en español.

El texto original griego proviene de The Greek New Testament, United Bible Societies, 1983, Third Edition.

Información de la imprenta disponible en la última página.

Fecha de revisión: 15/11/2016

Para realizar pedidos de este libro, contacte con:
Palibrio
1663 Liberty Drive, Suite 200
Bloomington, IN 47403
Gratis desde EE. UU. al 877.407.5847
Gratis desde México al 01.800.288.2243
Gratis desde España al 900.866.949
Desde otro país al +1.812.671.9757
Fax: 01.812.355.1576
ventas@palibrio.com
752879

ÍNDICE

MI CONVERSIÓN A SAN PABLO

La vida es un camino en el que nos vamos encontrando con muchas personas. Algunas se cruzan en nuestro paso, como ciervos en la carretera, y se alejan rápidamente. Otras se quedan a nuestro lado por un tiempo, como mariposas que se posan en nuestros hombros, pero desaparecen sin dejar rastro. También se dan individuos que desearíamos no haberlos conocido nunca, como zorrillos que apestan. Unos pocos se vuelven compañeros de viaje. Nos gusta tenerlos a nuestro lado y nos animan a llevar el camino con alegría; incluso nos ayudan a encontrar sentido en lo que acaece a nuestro alrededor.

Hay compañeros de viaje que los sentimos físicamente a nuestro lado. Nos cuentan sus historias, apreciamos sus gestos, aguantamos sus bromas y compartimos sus pesares. Nos animan, nos consuelan, los amamos y nos sentimos amados por ellos; en fin, llegan a ser parte de nuestra vida. Además hay otros que los llevamos muy dentro en nuestro corazón. Están físicamente ausentes porque viven lejos o ya fallecieron, pero los traemos tan dentro de nosotros que no los podemos olvidar. Todavía siguen dejando huella en nuestras vidas. Estos también son compañeros de viaje.

Les presento a Pablo de Tarso. Por mucho tiempo, Pablo no fue mi compañero de viaje. Guardábamos una buena distancia. Me crucé con Pablo cuando hice mis estudios de seminario. Me parecía un carácter rancio, que trataba temas muy abstractos como la justificación y la predestinación, hablaba con frases oscuras de difícil comprensión, interpretaba la Biblia de una manera curiosa; incluso me parecía contradictorio, pues unas veces decía que la Ley venía de Dios y otras que mataba el espíritu. Además levantaba problemas sobre la fe y las obras, sobre el mérito y la gracia, asuntos que me sonaban a viejas batallas, ya olvidadas, entre católicos y protestantes. Pablo me dejaba la cabeza caliente y el corazón frío.

Con cierta frecuencia me topé con Pablo en las celebraciones de los santos que la Iglesia nos propone a lo largo del año. La liturgia presenta a San Pablo de la mano de San Pedro. Así juntos, compartiendo el martirio, y siendo celebrados el mismo día: "Pedro consolidó la Iglesia primitiva con los israelitas que creyeron; Pablo fue preceptor y maestro de los paganos, que Dios quería llamar a su Iglesia", dice el Prefacio de la fiesta de San Pedro y San Pablo, Apóstoles, 29 de junio. Todo muy ordenado y claro: Pedro, apóstol de los israelitas, y Pablo, apóstol de los gentiles. Pedro, la roca de la iglesia, y Pablo, el trotamundos, modelo de todo evangelizador, como está escrito en el libro de los Hechos de los Apóstoles. Este era el Pablo que contemplaba en los grandes cuadros de pintura: con el libro de la Palabra de Dios en una mano y con la espada del martirio en la otra (ajusticiado como ciudadano romano, según la tradición). Esta figura me inspiraba devoción.

Hace ya bastante tiempo celebramos el Año de San Pablo. Entonces me propuse volver a leer sus Cartas con tranquilidad, haciéndolas parte de mi oración personal. Esta vez descubrí en Pablo un hombre *alcanzado* por Cristo, con un amor tan profundo que no sabía si vivía él o si era Cristo quien vivía en él. Observé a una persona que tuvo que dar media vuelta en su vida porque Dios se había metido por medio. Después lo acompañé de ciudad en ciudad, unas veces a paso ligero y otras corriendo porque lo iban persiguiendo, ya que su mensaje molestaba a mucha gente. Lo vi llorar como un padre cuando ve que sus hijos van por malos caminos. Lo vi también inquieto, como un pastor que comparte los gozos y las tristezas de los demás miembros de la comunidad cristiana. Me lo encontré escribiendo cartas con lágrimas en los ojos porque no podía estar con los *hermanos* en momentos difíciles. Finalmente, lo vi envejecer, desgastándose en fidelidad al compromiso que había adquirido con Dios. Este Pablo entró a formar parte de mi vida y se volvió mi compañero de viaje.

¿Quién es este Pablo, compañero de viaje que se ha puesto a mi lado? Se lo preguntamos a él mismo: Pablo, ¿qué dices de ti mismo?

Pablo se introduce a sí mismo y nos explica su vida. La divide entre un *antes* y un *ahora*. Antes de encontrarse con Cristo, Pablo era por cultura un *helenista*, miembro del imperio *romano*, y por raza un *judío*, miembro del pueblo de Israel, más concretamente, uno del grupo de los *fariseos*. Su vida estaba centrada en la Ley de Moisés y quería que todo el pueblo se comportara de acuerdo a la Ley, llegando a perseguir a cualquiera que la cuestionara. Después de encontrarse con Cristo, Pablo da media vuelta. Entra a formar parte del nuevo pueblo *santo*, al que pronto se le conoce como *cristiano*. Se incorpora a una *iglesia doméstica* y, desde allí, sale en misión. Lo hace como *esclavo* y *apóstol* de Jesucristo. Entonces se presenta ante los demás como *criado*, *hermano* y *padre*. Así es como Pablo quiere ser visto.

Además, para nosotros, cuando hablamos de vocación, aparecen las palabras *pastor* y *sacerdote*. No las usó Pablo para introducirse a sí mismo, pero las vivió. Termino el testimonio de mi compañero de viaje con la expresión *vasija de barro*, que resume toda su vocación y, en cierta manera, unifica sus contenidos.

Con Pablo a mi lado voy por caminos que todavía están por hacer – otros los iniciaron y a mí me toca continuar. Son caminos que a veces se convierten en sendas que se meten por lugares oscuros que apenas dejan ver por dónde va uno. Entonces oigo la voz de Pablo: "Por ahí no podemos entrar; es camino engañoso, no lleva a ninguna parte. Tampoco por ese otro, es camino de muerte, que termina en un precipicio. Hay que ir por la senda marcada por Cristo…" Me fío de Pablo. El ya ha pasado por aquí. Hay caminos que prometen, pero engañan. Hay otros caminos que llevan a buen destino. Gracias a Dios tengo a Pablo a mi lado.

La marcha con Pablo es ligera. Vamos deprisa, como si no tuviéramos mucho tiempo. Pero es un paso alegre, porque Pablo es portador de un mensaje de *buenas noticias* para un mundo donde abundan las malas noticias. Pablo trae visiones de futuro, de otra clase de sociedad, donde caben todas las razas y donde los pueblos pueden encontrar una paz que no sea impuesta por ejércitos ni haya miedo a terroristas ni a fuerzas del orden público, ni a políticos que buscan grandezas; es un mundo con sueños de eternidad, el que propone Pablo. Hacia ese mundo me encamino en su compañía.

Quiero hablarles de Pablo, mi compañero de camino. Me dirijo de una manera especial a todas aquellas personas que me llaman *padre*, y a los que yo llamo *hermanos* y *hermanas*

- como lo he aprendido de Pablo. A todos los invito a caminar conmigo de la mano de Pablo.

He traducido las citas bíblicas lo más cercanamente posible al texto original, porque nos acercan más a las expresiones peculiares que utilizó Pablo, aunque a veces sufra el texto en español.

PABLO, BILINGÜE

Pablo nació, alrededor del año 8 de nuestra era, en Tarso (actual Turquía). Por entonces, Tarso era una ciudad muy grande, que estaba cerca del Mar Mediterráneo (*Nuestro Mar*, lo llamaban los romanos), pero tierra adentro. Un río permitía a los barcos navegar desde la costa hasta la misma ciudad de Tarso. Allí se cruzaban las carreteras del este y del oeste, que conectaban el interior con la costa. Por mar llegaban embarcaciones de Roma en dirección a África y las de Egipto en dirección a Roma. Por tierra las caravanas se abrían paso hacia el interior de Asia Menor. Dado su valor estratégico como centro de conexiones, Tarso había sido objetivo codiciado por los imperios en todas las épocas. Grandes batallas se dieron en sus alrededores. Unos años antes de nacer Pablo, en Tarso se habían dado cita Marco Antonio y Cleopatra, el general romano y la *faraona* egipcia.

Pablo nació en una familia judía. Apenas tenemos datos sobre sus parientes. Sabemos que tuvo una hermana casada y algunos otros familiares sin identificar. Eso es todo. Nada sobre sus padres.

En medio de una ciudad, tan mezclada de razas y lenguas como era Tarso, la comunidad judía constituía un grupo minoritario, pero bien identificado por mantenerse fiel a las tradiciones de sus antepasados. Es de suponer que Pablo hablaba arameo (lengua común de los judíos) en casa y que en la calle se entendía en griego (lengua de la cultura helenista dominante en el imperio romano). Por eso decimos que Pablo es un *judío helenista.*

El imperio romano había impuesto una política de globalización por la fuerza. Roma había conectado muchos países que hasta entonces habían sido extraños unos a otros. Bajo la tutela de Roma, todos habían entrado a formar parte de un mismo sistema. Lo habían hecho a la fuerza, después de muchas guerras. Grandes masas de gente eran desplazadas de su lugar de origen. Unos emigraban voluntariamente, forzados por el hambre causado por la devastación general de las tierras; otros lo hacían como prisioneros de guerra. Los vencidos eran sacados de sus países y llevados a lugares lejanos. Allí eran vendidos como esclavos. Este parece haber sido el caso de la familia de Pablo. Según cuenta San Jerónimo, los padres de Pablo vivían en Palestina, les cayó la guerra y se los llevaron prisioneros a Tarso. Por un tiempo vivieron como esclavos y, pasados algunos años, consiguieron la libertad.

Tarso era una ciudad comercial muy próspera. Las carreteras y el puerto traían gente de todas partes del mundo. Sus calles eran compartidas por personas venidas de muchos países y pertenecientes a distintas razas, que vivían según sus propias costumbres y sus propias religiones. Esta situación era fuente de mucha confusión y de muchas tensiones entre los antiguos habitantes, bien establecidos, y los recién llegados.

Hay que tener en cuenta que en aquellos tiempos la vida se hacía prácticamente en la calle. La casa familiar estaba diseñada solamente para comer y dormir. La mayor parte del día lo pasaban en la calle. En la calle se encontraban con la gente y se hacían los negocios; incluso muchos trabajos se hacían de cara a la calle. La calle era una auténtica universidad popular, donde circulaban las doctrinas más antiguas y las opiniones más recientes. En la calle se enteraban de los últimos acontecimientos y de los proyectos futuros de la ciudad. En este ambiente bilingüe y multicultural creció Pablo.

Era una vida en tensión, porque una cosa era la ciudad y otra el hogar. Lo que se vivía en familia no era lo que promovía la sociedad. Los valores eran muy distintos. Pablo podía haber escogido uno o lo otro. Se podía haber quedado en casa, hablando arameo y viviendo de acuerdo a las tradiciones judías, dándole la espalda a la sociedad pagana y encerrándose en el grupo de los que eran como él. La otra alternativa, era haberse diluido en la sociedad helenista, olvidándose de su pueblo y de su religión; hubiera adoptado los gustos y las costumbres corrientes; hubiera prescindido de sus raíces judías y se hubiera convertido en uno más de la calle.

Pablo no quiso ser ni lo uno ni lo otro. Fue a la vez un judío fiel y un buen ciudadano. Pablo fue un *judío helenista*. Creció con esa tensión. Para poder vivir, tuvo que poner juntas el hogar y la calle, la familia y la sociedad, elaborando una *síntesis*, que le ayudó a abrirse paso como miembro de una minoría creyente en un entorno completamente pagano.

¿Puede uno mantenerse fiel a Dios en un ambiente pagano? Pablo no quiere solucionar simplemente su propia vida. Busca una respuesta que valga para toda la comunidad judía. Pablo siempre piensa en términos de *pueblo*. Lo que diga Pablo ha de servir no sólo para sí mismo, sino para todo el pueblo judío. Pablo no está tratando de salvar su propio pellejo, sino de buscar una vía de salvación para todo el pueblo judío, que, por el momento, tiene que sobrevivir en un ambiente hostil. Cuando Pablo habla y actúa, siempre tiene en cuenta el futuro de Israel.

PABLO, ROMANO

Pablo nació en tiempos del emperador Octavio César Augusto y murió bajo el emperador Nerón. El primero y el último de la dinastía Julio-Claudia de emperadores romanos. Entre medio, están Tiberio, Calígula y Claudio. Pablo nació, creció y murió dentro del imperio romano, cuando Roma impuso su dominio al resto de los países. Este es el mundo que le tocó vivir a Pablo.

La Paz Romana

La gente de todos los países estaba fascinada por el poder incomparable y por el esplendor fastuoso que había desplegado Roma. Nadie había conocido algo parecido; superaba incluso las maravillas que se contaban de Alejandro Magno. Sus ojos estaban viendo un auténtico milagro: Augusto, que se había encontrado con un país en guerra civil, lo había transformado en un imperio floreciente bajo el lema *La Paz Romana*.

Antes de la guerra civil, Roma había sido poderosa y majestuosa. La guerra civil había tirado todo este esplendor por el suelo. La gente se preguntaba: ¿Qué había hecho posible a Roma alcanzar tal grandeza en los tiempos antiguos?

Augusto lo sabía: Antes de la guerra civil, Roma estaba bien protegida por los dioses. Por su protección, Roma se impuso a los pueblos vecinos. Pero cuando los romanos alcanzaron un alto grado de bienestar, se olvidaron de sus dioses, descuidaron sus templos y los despreciaron no honrándolos con los sacrificios rituales debidos. Roma se había mostrado *orgullosa* y había faltado el respeto a los dioses. Entonces vino la reacción de los dioses contra aquellos que los habían desafiado; sintiéndose abandonados, los dioses también abandonaron a Roma. Entonces vinieron las peleas de unos contra otros y las derrotas en los campos de batalla. *Nunca más*, dijo Augusto.

Augusto había aprendido la lección. Si se recobraba el respeto a los dioses y se renovaba la tradición religiosa, los dioses volverían a sonreír y bendecirían a Roma con su protección. Con el favor divino las legiones conseguirían la victoria en los campos de batalla. Después se impondría el buen orden; los agricultores volverían a cultivar los campos y la tierra daría grandísimo fruto. Esa abundancia favorecería no sólo a Roma, sino a todos los pueblos del mundo, que quedarían integrados en un imperio bajo la mirada benévola del emperador. Esta era la gran visión de *la Paz Romana*.

¿Cómo conseguiría Augusto hacer realidad su visión del mundo? Con la virtud de la *clemencia*. Primero, Augusto dio el castigo merecido a los asesinos de su padrastro Julio César. Después eliminó a todos aquellos que le podían hacer sombra. Finalmente, Augusto ofreció a los enemigos que quedaban *clemencia*, que no era un perdón gratuito, sino una amnistía condicional: si juraban fidelidad al emperador y se mantenían fieles a su palabra, entonces Augusto les ofrecía su amistad, con los beneficios de la *paz romana*. Así se curaba Roma. No más bandos enfrentados unos a otros, sino una gran familia bajo el cuidado benigno de un hombre, que había ascendido por su poder militar y por su ingenio administrativo a nivel de los dioses.

Augusto se sintió igual de generoso con los pueblos vencidos y les ofreció también *clemencia*. Si juraban fidelidad al emperador, Augusto les regalaba su amistad. Podrían mantener sus costumbres, su religión, sus leyes e, incluso, el liderazgo nativo. Roma solo exigía obediencia, orden y colaboración, pagando los impuestos asignados y ayudando con soldados en caso de guerra.

Augusto sabía muy bien que la victoria se ganaba en los campos de batalla, pero que las legiones no podían mantener la unidad del imperio por sí solas. Tenía que hacer creer que su visión era la solución para todos los pueblos, que su visión podía ser compartida tanto por los vencedores como por los vencidos, tanto por los romanos como por los bárbaros. ¿Cómo convencer a todo el mundo de que había comenzado un estado de bienestar universal? ¿Cómo se puede hacer llegar esta visión tanto al pueblo romano como a todos los demás habitantes del imperio romano?

Una proclamación escrita no es suficiente; los libros son para la élite; la mayoría no lee. Para llegar al pueblo, hay que usar medios que todos puedan ver y eventos en los que todos puedan participar. Solución: escribir el mensaje de la *paz romana* en piedra. Por tanto el programa imperial se esculpe en estatuas y se inscribe en edificios, que todos pueden ver y disfrutar. No hay ciudad en el imperio que no tenga templos dedicados al emperador o a la ciudad de Roma, ni que carezca de foros con paseos y plazas llenas de estatuas que recuerdan que la paz es un regalo de un emperador benevolente, que hay que colocar a la altura de los dioses y al que hay que estar muy agradecidos. Así son las ciudades en las que vive Pablo y en las que tiene que proclamar que hay otro Señor, que no tiene templos ni estatuas ni se impone por la fuerza militar, sino que manda desde una cruz.

El emperador no sólo ordena el espacio con los jardines, edificios y estatuas, sino que también controla el tiempo, manipulando el calendario. El año se divide de acuerdo a *la buena noticia* que celebra el nacimiento del emperador, o su ascensión al trono, o su victoria en una guerra, o su visita a una ciudad, o el nacimiento de un heredero. Las fiestas se celebran con abundantes sacrificios, acompañados de procesiones y fastuosas comidas (los cristianos le preguntarán a Pablo si les está permitido comer esa carne sacrificada en los templos paganos y destinada a las celebraciones de la ciudad). Estas fiestas van acompañadas de juegos públicos y grandes espectáculos en los circos. La gente disfruta la Paz Romana. En este ambiente Pablo habla de otra *buena noticia* (evangelio) y de otra *visita*, y de otra *paz*, la de Cristo.

Roma garantiza la seguridad con sus legiones. Elimina piratas, bandidos y asaltantes. Construye carreteras, acueductos y puertos. El comercio tiene vía libre y segura. Hay abundancia. Pero no todo el mundo comparte de la misma manera en esa abundancia. ¿Cómo se puede participar en los beneficios de la Paz Romana?

Si eres una persona rica, empiezas por dar muestras de lealtad al emperador y a las autoridades romanas con regalos a la causa imperial o a la ciudad, contribuyendo a la celebración de los sacrificios, festividades o juegos. Si no tienes acceso directo a los órganos de poder, entonces te buscas un padrino, que te permita conectar con la gente de arriba. Una vez que has entrado en el círculo de los superiores, entonces tú mismo puedes ser padrino de otros, que están en peor situación. Una pirámide de muchas pirámides, eso es el imperio romano.

Si te niegan entrada a este acceso directo, entonces te puedes incorporar a una vía indirecta para acceder al poder, que consiste en unirte a otras personas de parecidos intereses en un *colegio*, una asociación donde se juntan los que tienen un mismo oficio, o pertenecen a una misma raza, o comparten una misma religión. Normalmente estas agrupaciones están bajo la supervisión de un patrón que ofrece su casa o pone el dinero para que estos *colegios* puedan funcionar bajo su protección. Así se organizan las sinagogas o centros judíos, que Pablo frecuenta en sus viajes.

El acceso al poder se traduce en una obsesión por recibir honores. Los romanos buscan el reconocimiento público por todos los medios. En los campos de batalla hay que ser reconocido como héroe, en los juegos como vencedor, en la sociedad como generoso y en el caso del emperador como *dios*. Todo ha de contribuir a que la gloria personal sea aplaudida en público. Desde este punto de vista el defecto mayor de una persona es la humildad, que los romanos identifican con la miseria y la servidumbre. En este ambiente Pablo propone a Cristo, que tenía la categoría de Dios y, por tanto, debía recibir los honores que le correspondían como miembro de la divinidad; sin embargo, decidió voluntariamente comportarse como esclavo. Más aún, este Cristo llama a sus seguidores a *esclavizarse* unos a otros por amor, dando más importancia a los demás que a uno mismo.

La Religión en el Imperio Romano

Para los romanos, la práctica religiosa era un deber cívico, puesto que la seguridad y el bienestar de una ciudad dependía de estar a bien con los dioses, que bendecían a los ejércitos con la victoria, que producía la tranquilidad necesaria para trabajar la tierra y así se garantizaba la prosperidad de todos.

A los dioses se les contentaba con sacrificios. Para los romanos las creencias y la moralidad eran cosas secundarias desde un punto de vista religioso. Los sacerdotes no tenían que ser maestros de teología ni personas carismáticas, sino que eran elegidos entre los donantes que contribuían al pago de los sacrificios y al mantenimiento del templo. Este deber cívico se llamaba *liturgia*. Por eso los sacerdotes eran considerados como *puentes* entre los dioses y la ciudad, ya que facilitaban el cumplimiento de una obligación, mediante la cual se mantenían las buenas relaciones entre los dioses y la ciudad, que garantizaban el bienestar de todos. El emperador recibía el título de *pontífice máximo*, porque del cumplimiento de sus obligaciones religiosas dependía la prosperidad de todo el imperio.

La ciudad mantenía la paz con los dioses construyendo templos y haciendo sacrificios. Lo mismo hacía el cabeza de familia en su casa. *Familia* para los romanos no eran simplemente los padres con sus hijos, sino que abarcaba a todos aquellos que dependían de alguna manera de la protección del cabeza de familia. Por tanto *familia* incluía a criados, esclavos e incluso a personas afiliadas por razón de trabajo o negocios. Todos los miembros de la familia tenían el deber de rendir culto a los dioses protectores y a los antepasados. Lo cumplían participando en los sacrificios que se hacían en el hogar. Como era una religión de actos externos, no tenían inconveniente en que algunos miembros *creyeran* en otros dioses, mientras cumplieran con el deber familiar de ofrecer sacrificios a los dioses tutelares de la familia y a sus antepasados difuntos. Las primeras comunidades cristianas se formaron alrededor de reuniones familiares bajo la mirada atenta de un patrón o una patrona.

Lo mismo se puede decir de las asociaciones llamadas *colegios*. Tenían sus altares, con sus imágenes, con sus sacrificios y con las comidas en común, que eran patrocinadas por una persona rica o pagadas con el dinero de la caja común, ya que todos pertenecían a la misma clase social. Así fomentaban la devoción y la fraternidad. Era una manera de adquirir honor ante los demás, lo que facilitaba su aceptación y ascenso en la escala social.

Los primeros cristianos también tenían comidas en común en un ambiente familiar. Sin embargo *las comidas del Señor* (las celebraciones de la Eucaristía) entre los cristianos acogían a personas de distintas clases sociales; allí cada uno colaboraba con lo que tenía y se repartía a todos por igual. De ahí que Pablo se entristece cuando le llegan noticias de que se habían formado grupos en la asamblea cristiana, que los ricos comían por un lado y los pobres por otro. Pablo se lo dice claramente a los Corintios: Eso no va con el legado de Jesucristo, pues la Eucaristía es signo del banquete celestial donde todos comparte en la misma mesa del Señor.

Aunque no les agradaban, los romanos permitían cultos extranjeros, que llamaban *misterios*. Los cultos egipcios y asiáticos eran muy populares, no sólo entre los inmigrantes sino también entre los propios ciudadanos romanos. Frente al culto de actos externos de la religión imperial, los misterios ofrecían una relación personal del creyente con la divinidad que se expresaba de forma muy emotiva con cantos, danzas, lágrimas, etc. Sus devotos cerraban los ojos para entrar en comunión con la fuente de la vida y cerraban sus bocas para guardar los secretos de los iniciados (*misterio* viene de una palabra griega que significa *cerrar*). Los sacerdotes ya no eran ricos que pagaban por actos cívicos, sino personas con *carismas* y conocimientos religiosos. Los romanos llamaban a estas religiones *superstición* – no porque creyeran en actos mágicos, sino porque les parecía algo extraño. Los romanos tenían miedo de que estas religiones *mistéricas* rompieran el orden establecido, que se basaba en la autoridad del emperador sobre las naciones y del cabeza de familia en los hogares, ya que estas religiones extranjeras contribuían a romper el carácter de mediadores (*puentes*) que los *cabezas* tenían con los dioses; ahora eran otras personas, con carismas y conocimientos, las que ostentaban los poderes espirituales.

El Mapa Imperial

Pablo lleva en su cabeza el mapa del imperio romano. No ve más allá de las fronteras del imperio romano. Sabe que hay gente al otro lado, pero nunca hace un esfuerzo por entablar contacto con esos pueblos que están más allá de la frontera imperial. Su mundo es el imperio romano.

Pablo organiza y desarrolla su vida, teniendo delante el mapa del imperio romano. El plan de Pablo tiene como punto de partida la parte oriental (el este) del imperio romano, donde están Palestina y Grecia, y quiere llegar hasta la ciudad de Roma. Pero Roma no es para Pablo la meta o punto final, sino un paso intermedio. Pablo desea alcanzar el otro extremo del imperio romano, el occidente (el oeste) que es España, pues la proclamación del *Señorío de Jesús* debe de llegar hasta el último rincón, hasta *el fin del mundo*.

Sin embargo, Pablo no puede realizar su sueño. Se encuentra con la resistencia de sus compatriotas; la mayoría de los judíos no están dispuestos a reconocer a uno que ha muerto crucificado como *el Señor*. Sin embargo, Israel, el pueblo escogido por Dios, siempre está en la mente de Pablo. Israel no puede quedarse fuera de la salvación, porque Dios así lo ha prometido. Por tanto, Israel tendrá otra oportunidad para aceptar a Jesús como el Señor. Pablo piensa que esa oportunidad se parece a la que proclamó el profeta Isaías, que primero también encontró resistencia entre sus compatriotas israelitas, pero esa resistencia por parte del pueblo escogido escondía un secreto divino: sería el medio por el que las naciones paganas emprenderían el camino hacia Dios. Pablo, rechazado por los suyos, va a los *gentiles* (no judíos) y es bien recibido. Por tanto, Pablo iría a Roma y de allí al *fin del mundo*. En España era de esperar que los gentiles acogerían el evangelio con entusiasmo, como lo habían hecho por todas partes. Cuando los judíos vieran lo que había pasado con los gentiles a lo largo del imperio romano, entonces tendrían *envidia* por haberse quedado atrás. Pablo volvería a Israel y esta vez reconocerían a Jesús como el Señor. Éste es el gran plan de Pablo, que no llegó a completar.

Pablo inicia su tarea como misionero independiente visitando ciudades que están en la carretera que lleva a Roma y se mueve en esa dirección. Pero las cosas se tuercen, no salen como Pablo lo había pensado. Muy pronto las autoridades locales, tal vez empujadas por los líderes judíos, hacen que Pablo tenga que desviarse. En lugar de ir hacia el oeste, hacia Roma, Pablo se tiene que dirigir al sur, hacia Atenas. Después da muchas vueltas por Asia Menor, hasta que decide visitar Jerusalén. Allí lo apresan y lo conducen a Roma. Pablo, por fin, ha alcanzado Roma, pero no como él lo había previsto. Roma es el final, no la parada intermedia en su ruta hacia el occidente, que Pablo se había imaginado. No puede completar su deseado viaje a España ni volver a Jerusalén para contarle a todo el mundo la gran maravilla de que los gentiles habían aceptado a Jesús como el Señor. Eso queda para otros en el futuro. Así son los caminos misteriosos de Dios.

Ciudadanía

El cristiano vive dentro del imperio romano y se ha de comportar como un buen ciudadano, como Pablo les dice a los Filipenses, que eran muy sensibles a las cuestiones de ciudadanía ya que ellos mismos eran considerados ciudadanos de Roma. Pero los cristianos no han de vivir con los criterios que impone la sociedad romana, sino con los aprendidos en el Evangelio (Flp 1:27), "pues nuestra ciudadanía reside en los cielos, de donde también esperamos ansiosamente al salvador, el Señor Jesucristo" (Flp 3:20).

Hay que tener en cuenta que *salvador* era uno de los títulos del emperador. Pablo afirma que hay otro Señor, que no es el César, y otro reino, mayor que el imperio romano, y otra ciudadanía, que no es la reconocida por los estados. Los cristianos, por tanto, ven las cosas desde otra perspectiva. A Pablo le importa poco la ciudadanía romana; la buena ciudadanía es la de los cielos.

Los soldados romanos vigilan constantemente para guardar *la paz romana* que se extiende por todo el imperio, pero *la paz de Dios* guarda a la comunidad de los discípulos de Cristo (Flp 4:7). Con esta seguridad, el cristiano puede vivir sin ansiedades dentro del imperio romano, teniendo la mirada puesta en la ciudadanía de los cielos. El cristiano vive "en el mundo", pero "no es del mundo".

PABLO, HELENISTA

Helenista quiere decir griego. Normalmente se usa esta palabra para designar la cultura de base griega después de las conquistas de Alejandro Magno, cuando se impone como cultura común en los países alrededor del Mediterráneo.

Pablo nace en Tarso, una ciudad de cultura helenista. Más aún, Pablo vive toda su vida en ciudades y se mueve de ciudad en ciudad, todas ellas de cultura helenista. Pasa de largo todo el territorio intermedio, incluyendo los pueblos pequeños (donde tal vez se hablaban otras lenguas locales distintas del griego). Pablo divide el mundo en tres partes: ciudad, mar y desierto. Fuera de la ciudad no hay nada importante que merezca su atención.

La Cultura Helenista

Pablo se comporta como un ciudadano, un habitante de una ciudad griega. Sus valores son los de la ciudad: Sentimientos de honor y de vergüenza ante los demás, el respeto debido al cabeza de familia que no sólo provee lo necesario sino que educa a los hijos mediante su ejemplo, el orgullo de trabajar con sus propias manos sin depender de nadie, el sentido de hombre libre que se mueve con facilidad y que se hace cargo de sus propios asuntos... Cuando Pablo se pone en contacto con los cristianos, lo hace en una ciudad, Damasco. Después crece en su fe en otra ciudad, Antioquía. Cuando se vuelve misionero, va de ciudad en ciudad.

Pablo habla y escribe en griego. No traduce. Con el griego se encuentra en casa. Domina el vocabulario de la cultura griega: Se siente miembro de una ciudad, exige respeto a las autoridades y conoce muy bien cómo se mueven los agitadores populistas (política); habla de sistemas de pago (economía), de contratos (derecho), de correr carreras y ganar premios (deportes), de armas y formaciones militares, de esclavos y libres, de procesiones victoriosas y de espera de visitas de personas importantes. Sabe cómo hablar en público y escribe según las reglas de oratoria, tan estimada por los griegos.

Muchas de las palabras que Pablo utiliza son las mismas de las grandes escuelas filosóficas de su tiempo, aunque Pablo no menciona que acudiera a ninguna de ellas. Tal vez usa la filosofía que se aprende en la calle, la filosofía que es común a toda la gente en su vida ordinaria. En sus cartas no muestra ningún interés en discutir temas filosóficos.

Hay que tener en cuenta que muchas palabras que nosotros colocamos dentro del vocabulario religioso, en tiempos de Pablo eran palabras de tinte político. Por ejemplo la palabra *evangelio* (buena noticia) era la comunicación del nacimiento de un heredero al imperio romano y *salvador* era un título del emperador que venía a una ciudad a hacerle un favor. Precisamente Pablo usa esas palabras para decir que el verdadero salvador, no es el emperador, sino Otro, que la buena noticia no es la venida del heredero del imperio, sino de Otro, que la visita que esperan no es la del emperador, sino la de Otro...

Las palabras que Pablo utiliza para definir su vocación son en su mayoría palabras que nosotros consideramos *seculares* como padre, hermano, esclavo, criado. Es cierto que en boca de un judío podían también una referencia religiosa, puesto que toda la vida de un fiel está marcada por su referencia a Dios. Pero Pablo se desenvuelve en una cultura donde el vocabulario judío había que explicarlo, pues no pertenecía a la cultura general de la ciudad. Por eso Pablo tiene una preferencia por las palabras normales que utiliza la gente.

El Presente de los Helenistas

Los romanos se creían que habían inaugurado *la era de la paz y de la concordia universal.* Se sentían orgullosos de haber hecho posible que la civilización prevaleciera sobre la barbarie y la justicia sobre la venganza, que naciones extrañas se comunicaran unas con otras y que el comercio fuera una empresa mundial. Todo ello bajo la mirada atenta de un emperador benévolo que, como sol radiante, iluminaba a los pueblos y con su generosidad les traía progreso y seguridad.

Sin embargo muchos lo sentían de otra manera. Habían sido conquistados y tenían que soportar sobre sus hombros a un poderoso opresor que los tenía sometidos a unos intereses ajenos a su propia vida. Los griegos todavía guardaban el recuerdo de cuando regían sus propios destinos en pequeñas ciudades independientes y decidían qué hacer con sus vidas en asambleas populares. Ahora, sin embargo, habían quedado absorbidos por el totalitarismo imperial, sujetos a decisiones que se tomaban a grandes distancias de sus propias ciudades. Debían de aguantar la carga pesada del aparato burocrático del imperio. El ejército imperial vigilaba atento por todas partes. Parecía que estaban viviendo en una inmensa prisión

-tal vez dorada, pues se habían multiplicado los bienes, pero una prisión estrecha que les impedía desenvolverse con holgura. En este ambiente una persona helenista se sentía asfixiada. ¿Cómo puede uno desarrollarse como persona humana en unas condiciones tan opresivas? Aquello no era vivir, sino simplemente vegetar.

Para enfrentarse a esta dura realidad los griegos contaban con una larga tradición filosófica que les ayudaba a explicar la realidad y abrirse camino en la vida. Observaban el cambio constante de las cosas y buscaban los factores que sustentaban tal fluidez. Querían encontrar la armonía en donde todas las piezas encajaran en una unidad. Buscaban un estado que construyera una ciudad bien ajustada donde productores, soldados y filósofos hicieran los deberes que les correspondía y sacaran la ciudad adelante. Soñaban con una democracia donde los mejores dirigieran el rumbo del país. Pero, ahora, en los tiempos de Pablo, era claro que habían perdido el control del mundo exterior. La sociedad estaba en manos de la maquinaria administrativa del imperio romano. Se sentían impotentes para cambiar la realidad.

Si no se puede alterar el mundo exterior, entonces hay que adaptarse a lo que la realidad ofrece y concentrarse en el mundo interior. La solución ha de venir desde dentro de la misma persona. Hay que aminorar en lo posible los efectos destructivos del mundo exterior. Hay que encontrar medicinas que sanen las heridas que la persona recibe desde fuera. Hay que dar con guías y consejeros que ayuden al individuo a sobrevivir en medio de tantas amenazas. Es necesario superar el miedo a ser aplastado. Esa es la meta que persiguen las nuevas escuelas filosóficas del helenismo: ayudar a conformarse con la realidad, saliendo lo mejor parado posible; buscar la independencia interior, ya que la exterior era imposible de alcanzar. Por eso estas escuelas filosóficas tratan temas muy populares como el sufrimiento, los efectos de la pobreza y la riqueza, la libertad y la esclavitud y, sobre todo, la muerte y una posible sobrevivencia *más allá* de este mundo. Son filosofías que pretenden fortalecer a las personas frente al destino y la buena o mala fortuna.

Pablo y su equipo pastoral reflejan estas inquietudes e incluso compiten con los filósofos itinerantes, que también buscan la atención de la gente. Como ellos, Pablo y su equipo pastoral están envueltos en una *lucha* por cambiar actitudes y *desafiar* maneras de pensar. Los filósofos lo hacen con un estilo abrasivo, insultante, que llame la atención y saque a la gente de sus quicios, mientras que Pablo procede con la suavidad de *una madre* –aunque si hace falta, también sabe usar el método de los filósofos. Los filósofos proponen una vida de auto-suficiencia, donde lo importante es bastarse a sí mismo sin depender de nadie ni de nada. Pablo tampoco quiere depender de nadie; trabaja con sus propias manos; acepta ayuda cuando ve que no crea dependencia, que dificulte la misión de evangelización. Pablo sabe arreglárselas en tiempos de necesidad. Pero lo hace por la fuerza del Espíritu Santo. Todo lo que necesita lo ha recibido de Dios. "Lo puedo todo en aquel que me da fuerzas" (Flp 4:13). Pablo no es un superman, sino un misionero que se atreve a hacer frente a todas las dificultades porque Dios lo asiste.

Al contrario de los filósofos, Pablo se declara *dependiente* de la gracia de Dios (1Tes 2:1-9). Los filósofos se empeñan en enseñarse a sí mismos, mientras que Pablo pide ser *enseñado-por-Dios* (1Tes 4:9; una palabra que Pablo se inventa, ya que no existe en el vocabulario griego). Los filósofos deciden *lo que es importante* por criterios de razón, mientras que para Pablo *importante* es lo que va a pasar cuando nos presentemos ante Cristo *el día del Señor* (Flp 1:10), que exige que vivamos por amor.

A pesar de todos los intentos de alcanzar al público en general, la filosofía era propiedad de las élites ricas, que se podían dar el lujo de dedicar muchas horas a la reflexión, a la lectura y a discusiones mientras paseaban por las plazas o acudían a los baños, que eran unos edificios grandes con muchas actividades donde la clase pudiente gastaba su tiempo. La mayoría de la gente, sobre todo la gente humilde, buscaba una respuesta en la religión. Y había cantidad de religiones donde escoger. Grecia era el lugar de encuentro de toda clase de religiones desde las más tradicionales hasta las más exóticas que venían de Egipto y Babilonia, además de las religiones oficiales que propugnaban el culto al emperador.

La religión oficial exigía sólo sacrificios a los dioses para que la ciudad se sintiera unida y protegida por las divinidades. Las religiones *mistéricas* ofrecían la posibilidad de una unión espiritual con la divinidad, que los bendecía en todos los asuntos de la vida diaria. Además, tanto romanos como bárbaros eran muy aficionados a las prácticas ocultas; querían adivinar el futuro y cambiar la suerte de sus amigos y enemigos.

Los helenistas esperaban encontrar respuestas en la filosofía y en la religión a su angustiosa existencia, para sobrevivir en un mundo agresivamente violento. Pablo ofrece otra propuesta, que la filosofía no puede alcanzar y las religiones sólo intuir. ¿Estarían abiertos a la novedad que Pablo les proponía? Pablo trae una *buena noticia*, un mensaje de liberación que no era simplemente un programa político, ni un escaparse de una situación social complicada. Pablo va más lejos; su visión es más radical; se dirige al corazón del ser humano; abre perspectivas universales. ¿Caería su mensaje en oídos sordos?

PABLO, JUDÍO

Judea era un país pequeño en el extremo oriental del imperio. Para los romanos era una tierra muy importante, no por su riqueza natural, que no la tenía, sino por ser la ruta de paso entre Europa y África. Esa había sido la historia de Palestina, un país a merced de los imperios de Asiria y Babilonia en el norte y el de Egipto en el sur. Pero Judea era un país incómodo para los romanos, porque, además de tener una cultura extraña para ellos, abundaban pequeños grupos terroristas que aprovechaban cualquier oportunidad para crear situaciones violentas.

Helenismo Judío

Los romanos solían respetar las instituciones y costumbres locales de los pueblos conquistados. Permitían que los judíos acudieran cuantas veces quisieran al Templo a celebrar sus fiestas y que el sumo sacerdote tomara decisiones sobre la vida de todos los judíos -tanto los que vivían en Palestina, como los que estaban en la *diáspora* (dispersos por el imperio). Fariseos y maestros de la ley enseñaban con plena libertad. Los judíos podían vivir de acuerdo a sus propias tradiciones. Roma se sentía generosa con los vencidos.

La cultura helenista había penetrado en la vida de los judíos, tanto de los que vivían como *emigrantes* fuera de Palestina como de los que vivían en la Tierra Santa. Ya en los tiempos de Jesús, y mucho más en los tiempos de Pablo, las corrientes helenistas habían penetrado en Palestina. Se construyeron ciudades totalmente romanas, como Cesárea. Otras fueron renovadas de acuerdo a la *paz romana* con carreteras, edificios, monumentos, acueductos y templos romanos. Además judíos y gentiles compartían el mismo territorio a pesar de las barreras sociales y religiosas que los separaban en grupos aparte. No había manera de evitarse unos a otros. El contacto en la vida diaria era ineludible.

El centro de la vida judía seguía siendo el Templo de Jerusalén, único lugar donde se podían ofrecer sacrificios. Pero la vida ordinaria de los judíos giraba alrededor de la sinagoga. Pablo, siguiendo el ejemplo de Jesús, acudía frecuentemente a la sinagoga. Según el libro de los Hechos de los Apóstoles, la sinagoga fue siempre el punto de partida de la actividad misionera de Pablo.

Sinagoga significa reunión, asamblea de personas. Después pasó a designar a las personas que frecuentaban la asamblea y, finalmente, el lugar donde se reunían estas personas. Las sinagogas cubrían muchas actividades; no eran simplemente centros religiosos para la oración, sino que se ocupaban de otros asuntos civiles – prácticamente toda la vida del pueblo judío giraba alrededor de la sinagoga.

Las sinagogas fuera de Judea empezaron como casas particulares cedidas por sus dueños para actividades religiosas. Llegaba un momento en que el patrón decidía donar la casa para dedicarla exclusivamente a los asuntos de la comunidad judía. Entonces se reformaba la casa por dentro para adaptarla a las celebraciones comunitarias y a otros asuntos que allí se departían. Pocas sinagogas en tiempos de Pablo se construyeron con el solo propósito de ser edificios para asuntos de la comunidad; la mayoría eran casas particulares adaptadas a las necesidades del grupo.

Legalmente las sinagogas eran reconocidas como *colegio*, es decir una asociación bajo la responsabilidad de un patrón. Se les concedían los mismos derechos que a otras asociaciones religiosas, como por ejemplo ser intermediarios en la liberación de esclavos, que se comprometían a atender las funciones de la sinagoga como parte de su contrato de libertad.

El Judaísmo a los ojos de Roma

Había comunidades judías en todas las ciudades del imperio romano, incluso en la misma Roma donde se calculaba que eran unos cincuenta mil y que tenían varias sinagogas en la ciudad. Tal vez los primeros judíos llegaron como prisioneros de guerra, pero una vez conseguida la libertad, se habían quedado a vivir allí. Si las inscripciones en las tumbas que se han encontrado son un reflejo de la comunidad, entonces el ochenta por ciento de los judíos hablaban griego y el veinte latín en la ciudad de Roma.

El judaísmo era reconocido como una religión legal. Podían tener sus propias instituciones y gobernarse por sus propias normas. Podían además recoger dinero para enviarlo a Jerusalén, en contribución al Templo.

Escritos, tanto griegos como latinos, indican que algunos romanos sentían cierta admiración por el judaísmo. Les llamaba la atención de que fuera una religión con un sólo Dios y de que fuera una religión sin imágenes. Pero la opinión más corriente decía que el judaísmo era una *superstición bárbara*. Superstición quería decir que observaban costumbres y rituales extraños a los ojos de los romanos. Bárbara, porque practicaban algunos ritos como la circuncisión. Incluso, había quien los llamaba *odiosos de la humanidad*, porque se mantenían dentro de su propio grupo sin mezclarse con los demás. Muchos romanos estaban cansados de que los emperadores romanos les concedieran demasiadas excepciones a los judíos y de que no cumplieran con los deberes cívicos al negarse a ofrecer sacrificios en los templos de la ciudad.

Los judíos gozaron, en general, de la protección de los emperadores. En caso de sentirse discriminados no tenían mas que acudir a la más alta autoridad y solían obtener buenos resultados. Julio César eliminó todos los *colegios* de Roma, menos el de los judíos. Octavio Augusto cambió el día de la distribución de trigo para que no cayera en sábado. Tiberio, que estaba empeñado en renovar los cultos tradicionales romanos, no fue tan generoso con los judíos ni con los demás cultos extranjeros. Calígula tuvo problemas con los judíos porque quiso introducir su imagen en el Templo de Jerusalén. Claudio expulsó a los judíos de Roma en el año 49 por sus disputas acerca de un tal *Chresto* (¿disputas con cristianos? Algunos de estos expulsados se encontraron con Pablo en Corinto). Nerón protegió a los judíos porque varios miembros de su casa imperial estaban afiliados con los judíos (*devotos de Dios*). Cuando llegó la hora de las persecuciones, Nerón ya sabía distinguir bien entre judíos y cristianos.

Roma a los ojos de los Judíos

Los judíos no sólo se sentían aplastados como los helenistas en general, sino que además se consideraban ofendidos: ¿Cómo se puede tolerar que un *pecador gentil* reine sobre la Tierra Santa de Dios? ¿Se puede ser fiel a Dios viviendo bajo un emperador que se declara *divino*? Pero los judíos también sabían que la respuesta no dependía totalmente de ellos, pues eran parte de una alianza que obligaba a Dios a salir en su defensa. Por tanto, la verdadera pregunta era: ¿Qué va a hacer Dios? ¿Hasta cuando va a permitir Dios esta maldad?

Ya desde antiguo se había anunciado un Mesías, un enviado de Dios que pondría las cosas en su lugar, que llevaría a los opresores a juicio y que inauguraría una época nueva. ¿Pero quién sería este Mesías? ¿un rey a estilo de David? ¿una persona santa como el Sumo Sacerdote? ¿un maestro de la Ley? Todos hacían una misma petición a Dios: *Maranatha*, ven Señor. Pero no todos tenían en la mente un mismo individuo ni estaban de acuerdo en lo que sucedería cuando el Señor viniera: Quién iba a venir, qué iba a pasar, cuándo iba a suceder y cómo se llevaría a cabo la liberación eran temas de discusión entre los distintos grupos judíos.

Todavía quedaban más preguntas, porque los profetas habían anunciado que sólo un *resto*, un grupo pequeño, representaba al auténtico Israel. Muchos habían nacido judíos, pero pocos eran judíos de verdad, que vivieran de acuerdo a la Ley en toda su amplitud. Había una competencia feroz entre los distintos grupos judíos sobre cómo interpretar lo que pedía la Ley y cómo decidir quién era el mejor cumplidor de la Ley. Entonces ¿quién formaba parte del auténtico Israel? Naturalmente, cada grupo se consideraba a sí mismo como el verdadero Israel. Según se vieran a sí mismos y según se imaginaban lo que Dios iba a hacer, tomaban distintas posturas ante el opresor romano.

Había algunos judíos que estaban dispuestos a colaborar con el poder romano. Las autoridades políticas respetaban el

Templo y el sacerdocio. Por tanto la clase alta sacerdotal y los saduceos, encargados de la administración del Templo y de la economía del país, estaban dispuestos a entenderse con las autoridades romanas.

Otros grupos ofrecían una resistencia pasiva: Los fariseos habían sufrido persecuciones por su defensa de la Ley en el pasado. Ellos querían ver una línea clara de separación entre puro e impuro, santo y profano, judío y gentil. El cambio vendría por una conversión interna, no por las armas. Cuando el pueblo fuera muy obediente a la Ley, entonces Dios implantaría su reino. Por tanto ante los romanos, los fariseos promovían una resistencia pacífica.

Pero había grupos que no se conformaban con cambios de actitud interior, sino que decidieron organizar una resistencia activa: Algunos fariseos radicales no estaban muy conformes con reducir todo a una cuestión privada de buen comportamiento; había que ser más *celoso*, obedecer y hacer obedecer el primer mandamiento: *Sólo Dios*. Había grupos pequeños, como los *zelotes* y los *sicarios* que promovían abiertamente una solución violenta: El que se oponga, judío o romano, hay que eliminarlo.

Finalmente, otros prefirieron alejarse. Los *esenios* creían que ya había pasado el tiempo de las reformas; la corrupción había penetrado tanto en la sociedad y en las instituciones judías, que no tenían remedio. Había que marcharse al desierto o, al menos, fundar comunidades de personas *purificadas* que vivieran de una manera radical. Nada bueno podía salir de Jerusalén, ni siquiera del Templo. La salvación vendría del desierto, como en tiempos de Moisés.

Todos los judíos vivían en tensión. Por una parte, debían ser fieles a su propia identidad guardando la tradición, que había levantado una barrera clara entre judíos y gentiles mediante rituales y costumbres (sábado, circuncisión, comidas, etc.). Por otra parte, querían participar de los beneficios de la *paz romana*, y tendían a cierta aceptación de ideas y costumbres helenistas. Por tanto deseaban encontrar un buen balance entre particularidad y asimilación.

Los judíos reconocían que habían sido conquistados por las armas, pero moralmente se sentían superiores. Desde su punto de vista, los gentiles vivían una vida inmoral, porque habían pervertido las disposiciones divinas para este mundo. Por vivir mal, erraban en su manera de pensar; eran culpables de no reconocer al único Dios creador de todo lo existente y de haber caído en la idolatría, una fabricación de su propia imaginación. Pablo repite básicamente las posturas de los judíos helenizados en la carta a los Romanos 1:18-32.

Herodes el Grande quiso agradar tanto a judíos como a romanos. Por un lado reconstruyó el Templo de Jerusalén, una de las maravillas del mundo antiguo. Por otro lado, edificó ciudades totalmente romanas o *romanizó* las ciudades alejadas del centro judío. Además limpió el país de bandidos y rebeldes. Herodes gozó de la amistad del emperador, pero el pueblo judío nunca lo aceptó.

En el año 4, el rey Arquelao se opuso a una petición de reformas que le pedían los judíos y masacró a muchos peregrinos en Jerusalén. Diez años más tarde, los romanos convirtieron a Judea en una provincia romana y las legiones romanas tuvieron que intervenir contra *los bandoleros* (hoy día los llamaríamos, *terroristas*). Entre ellos estaba Judas el Galileo, opuesto a que se pagaran impuestos a los romanos (¿recuerdan la discusión de Jesús sobre la moneda del César?); hubo rebeliones y corrió la sangre. Ya en tiempos de Pablo, dos de los hijos de Judas el Galileo fueron ejecutados por los romanos.

Hay un periodo de tranquilidad entre los años 10 al 35, precisamente cuando Jesús ejerce su ministerio. Pero vuelven las revueltas cuando el emperador Calígula quiere introducir una estatua suya en el Templo de Jerusalén. Un tal Teudas se lleva a la gente al desierto para iniciar desde allí una nueva *entrada* en la Tierra Santa. Las tropas romanas acabaron con el movimiento rebelde de manera rápida y contundente.

Los movimientos de oposición continuaron por mucho tiempo. El gobernador Felix, entre los años 52 al 60, mandó crucificar a *innumerables* judíos. La rebeldía siguió muy activa hasta que se produjo la guerra abierta que terminó con la destrucción del Templo de Jerusalén en el año 70. Para entonces Pablo ya había muerto.

Roma a los ojos de Pablo

Pablo respeta a las autoridades romanas. Desde su punto de vista, están encargadas de la seguridad y de la prosperidad del pueblo -algo que es bueno a los ojos de Dios. Pero sabe muy bien que los días del imperio están contados. Desde que se levantó la cruz de Cristo ha comenzado un mundo nuevo y Roma no tiene un papel que jugar en él. Todo va a cambiar porque ha aparecido otro Señor, que ofrece una paz muy distinta a la que ofrece Roma. Las bases de la renovación ya están puestas. Sólo falta la *visita* del Señor para que se instaure su reino con todo esplendor. En la manera de pensar de Pablo, esto no va a tardar mucho en suceder.

Cuando estudiamos historia la podemos ver como una cadena de hechos que se suceden unos a otros como si se tratara de una alternancia entre causas y efectos, victorias y derrotas, desarrollo económico y crisis, invasiones y huidas. Pero un judío, atento a la Sagrada Escritura, ve la mano de Dios en todo ello. Por tanto, historia no es sólo lo que hacemos los seres humanos, sino también lo que hace Dios, que derrumba a poderosos y enaltece a humildes.

Pablo, como fiel judío, ve las cosas desde el punto de vista de Dios. ¿Qué es lo que Dios ha dispuesto? ¿Qué es lo que Dios va a hacer en la situación actual del mundo?

PABLO, FARISEO

Pablo nació fariseo y murió fariseo. Nunca dejó de ser fariseo. Antes del encuentro con Cristo se siente muy orgulloso de sus credenciales judías (Flp 3:5-6). Había sido circuncidado a los ocho días, indicando que llevaba la marca de su pertenencia al pueblo elegido desde su infancia. No hubo un tiempo en que no fuera judío.

Hay tres cosas por las que Pablo se siente agraciado y muy honrado: Es Israelita, miembro del pueblo elegido por Dios. Pertenece a la tribu de Benjamín, el único hijo de Jacob que nació ya en la Tierra Prometida y patria del primer rey de Israel, Saúl, cuyo nombre lleva Pablo. Es hebreo por los cuatro costando; en Pablo no hay una sola gota de sangre gentil.

Además Pablo da otras tres razones por las que se siente orgulloso: su comportamiento personal. Es un fariseo estricto en la interpretación y guarda de la ley (bien educado con el mejor de los maestros de Jerusalén, Gamaliel, según Hechos 22:3). No sólo es fariseo, sino fariseo *celoso* que, por un tiempo, aventajó a los muchachos de su edad, en su *celo* por practicar y hacer practicar todo lo que se refería a las costumbres judías. Lo demostró persiguiendo a los cristianos. Por tanto, nadie le puede echar a la cara de que haya faltado en lo más mínimo a su carácter de judío: *Irreprochable.*

El Talante de los Fariseos

Los fariseos aceptaban como Palabra de Dios no sólo los *libros de Moisés* (la tradición escrita del Pentateuco) sino también los *profetas* (la tradición oral). Pablo lee e interpreta la Biblia siguiendo los métodos normales de los rabinos.

Los fariseos pensaban que Dios haría presente su reino una vez que el pueblo estuviera bien dispuesto, es decir, que guardara todas las leyes prescritas en la Biblia. Para ello aplicaban en los hogares las normas de santidad que los sacerdotes guardaban cuando iban a oficiar en el Templo. Eran santos, que vivían en una Tierra Santa, que no se debía manchar. Por tanto era muy importante levantar una barrera clara entre el Pueblo Santo y los *pecadores* – el mundo de los gentiles (y sus afiliados, los *ignorantes* de la Ley); es decir, de todos aquellos, tanto judíos como paganos, que no observaban puntualmente los mandamientos.

Los fariseos estaban deseosos de educar a la gente para que todos se mantuvieran fieles al judaísmo en su pureza, sin mezclarse con los *pecadores*. En relación a los gentiles se veían, en decir de Pablo, como "guía de ciegos, luz de los que están en la oscuridad, educador de ignorantes, maestro de tontos" (Rm 2:19-20).

Al Filo del Cambio

Pablo piensa como fariseo, aunque viva en una ciudad helenista. La visión que Pablo tiene de la vida es la que corresponde a un judío devoto. En aquellos tiempos los judíos creían que estaba a punto de producirse un cambio de época. Aquel era un tiempo en que reinaba la maldad y la opresión y Dios no iba a tolerar mucho más aquella situación. Pronto pondría fin a aquella *generación malvada* y lo haría provocando unos cambios radicales en la sociedad y en la misma creación. Esa nueva realidad futura la llamaban *reino de Dios.*

Esta manera de pensar era la contrapartida a la *paz romana* promovida por el emperador y escrita no sólo en libros sino también en la piedra de los monumentos. Bajo el emperador había prosperidad y orden; era la paz conseguida por la victoria en el campo de batalla y bendecida por los dioses. Los judíos esperaban algo más: un mundo renovado, basado en la justicia, que Dios implementaría mediante un juicio universal. Entonces *los justos* serían llamados a la resurrección. En esto coincidían fariseos y apocalípticos.

Los apocalípticos no constituían un grupo aparte, sino que era un movimiento basado en la interpretación de algunos pasajes bíblicos, que, releídos en clave, les descubrían los secretos del gran cambio social y cósmico que iba a suceder *al final de los tiempos.* Era la respuesta a la situación opresiva en que vivían. Dios tenía que ser justo y cambiar las cosas.

Los apocalípticos esperaban grandes batallas entre las fuerzas del mal y los ángeles enviados por Dios. Se darían grandes alianzas entre los poderes del mal que los usarían para perseguir a los justos que se mantenían fieles a Dios. Hasta que, al final, llegaría la gran batalla definitiva en que quedarían derrotados los enemigos de Dios para siempre. No había fecha fija para tal acontecimiento, pero los apocalípticos creían haber encontrado una buena cantidad de señales y revelaciones que permitían adivinar un calendario. Mientras llegaba ese momento de victoria predominaba un tiempo de persecución y martirio para los fieles. Había que resistir hasta el final, porque la intervención divina estaba a la vuelta de la esquina. Dios garantizaba la victoria de su reino.

Los fariseos no eran apocalípticos; no se fiaban de revelaciones, ni lecturas de signos, ni calendarios. Pero también estaban a la espera de una intervención divina que cambiaría todo. Por tanto, estaban viviendo en los tiempos de la *paciencia de Dios*. Dios les estaba dando una oportunidad para enderezar sus vidas y decidirse a vivir según la voluntad divina tal y como estaba declarada en la Ley. Entonces, cuando Dios se decida a intervenir, no habrá sorpresas, porque ellos estarán del lado de los justos y participarán en la resurrección universal. Los fariseos esperaban que la resurrección de los muertos se daría *en los últimos días*.

Pablo también piensa que está viviendo en una época de maldad y que el tiempo del cambio está a punto de llegar. Es cuestión de esperar al enviado divino, al Mesías, que reúna al pueblo de los fieles y ponga en marcha este cambio. Pablo también cree en la resurrección de los muertos, que se dará con el cambio de época. Así pensaba Pablo antes de oír nada sobre Jesús de Nazaret.

Pablo, Perseguidor

En sus cartas, Pablo dice que fue *celoso* en todo lo que se refería a *las cosas judías* y que *persiguió* a los creyentes cristianos. *Celoso* quería decir que seguía el ejemplo de Pinjas, que mató a un israelita y a una medianita por no observar las leyes del matrimonio (Nm 25:6-8) y de Matatías, que mató a un judío por haber ofrecido un sacrificio pagano (1Mac 2:24-26). Pablo, en sus cartas, no da detalles de cómo llevó adelante la persecución ni cuanto tiempo duró.

Sin embargo, el libro de los Hechos de los Apóstoles, que se escribió muchos años después de los acontecimientos, ofrece más detalles. Nos presenta a Pablo no sólo perseguidor sino una persona ensañada contra los cristianos, un animal salvaje: "devoraba a la Iglesia, entrando casa por casa, arrastrando a hombres y mujeres, y los metía en la cárcel" (Hechos 8:3). Además no se conformaba con perseguir a los que vivían en Jerusalén, sino que también los buscaba por otras ciudades, "que si encontraba a cualquiera que pudiera ser del camino, hombres o mujeres, habiéndolos atado, los llevara a Jerusalén" (Hechos 9:2). Y llegó hasta darles muerte (Hechos 22:4; 26:10).

Además el libro de los Hechos dice que Pablo estaba presente en el momento de la muerte de San Esteban, el primer mártir cristiano. Aunque hubo un juicio ante el Consejo de Ancianos, sin embargo la muerte de Esteban no fue una ejecución legal, sino un *linchamiento* por una turba exaltada. Por eso las autoridades judías permitieron un funeral público (Hechos 8:2). Los participantes en el linchamiento de San Esteban pusieron sus ropas a los pies de Pablo (Hechos 7:58), tal vez una indicación de que él había sido el instigador de la revuelta.

Lo que Pablo, fariseo *celoso*, no podía tolerar era que alguien cuestionara la Ley o el valor del Templo. Todo el mundo tenía que vivir según la Ley y respetar el Templo, de lo contrario la venida del reino de Dios se retrasaría más y más. Quien no entrara por esta línea, no tenía derecho a vivir. Así pensaba Pablo. De ahí su actitud beligerante de cara a los cristianos.

El libro de los Hechos está empeñado en presentarnos a Pablo como el *gran misionero*, modelo para todos los misioneros cristianos futuros. Pero el *gran misionero* fue primero el *gran perseguidor*. Así se demuestra el poder de la gracia de Dios, que puede transformar a una persona completamente. Si esto hizo Dios con Pablo, lo mismo puede hacer con cada uno de nosotros.

Fariseo Cristiano

Desde el punto de vista fariseo el mundo se divide en dos grupos: los judíos por nacimiento, que son miembros del pueblo de la alianza que se firma con el signo de la circuncisión y los demás. Los demás son gentiles *pecadores* ya que no pertenecen al *pueblo santo* de Dios y, por tanto, son ciudadanos del reino del Pecado, que se muestra en el hecho de que no viven de acuerdo a la Ley que Dios ha dado a conocer por medio de Moisés.

Cuando Pablo se haga cristiano seguirá pensando como fariseo, defendiendo los dos reinos, el de Dios y el del Pecado, con dos pueblos, el *santo* y la *generación perversa*. La diferencia entre fariseo tradicional y fariseo cristiano está en que, al reconocer a Cristo como salvador, Pablo coloca tanto a los gentiles, guiados por la idolatría, como a los judíos, guiados por la Ley, dentro del reino del Pecado. Todos somos pecadores. El que quiera salvarse, ya sea judío ya sea gentil, tiene que poner la fe en Cristo, que es el que introduce a uno en el reino de Dios.

Esto lo aprendió Pablo el día en que Dios le presentó a Jesús como el Señor resucitado. Entonces comprendió que había llegado *la plenitud de los tiempos* – el momento decisivo escogido por Dios para cambiar la suerte de la humanidad. Todo lo anterior a Cristo era preparación. Todo lo que sigue es *tiempo definitivo* (Gal 4:4).

Sin embargo, cuando se trata de dar soluciones prácticas a problemas comunitarios, Pablo adopta el punto de vista tradicional judío, sobre todo en lo que toca a la distinción de sexos dentro de la comunidad cristiana. Pues el respeto a los más débiles, exige evitar las innovaciones de las costumbres, para no dar entrada a la confusión y al desorden. De todas maneras, aunque reconoce que sus argumentos no son muy determinantes, Pablo no se quiere meter, ni tampoco quiere que la comunidad se meta, en muchas discusiones sobre estos asuntos (1Cor 11:16).

PABLO, LLAMADO

Pablo habla de sí mismo sólo cuando hace falta. Por tanto, es inútil buscar una narración detallada y calmada de su vocación. Lo único que tenemos son algunas notas sueltas, que Pablo utiliza para aclarar otros asuntos que habían generado malestar en la comunidad.

El Equipo Pastoral

Generalmente se considera la Primera Carta a los Tesalonicenses como el escrito más antiguo de Pablo. Aquí ya aparece que Pablo tiene una conciencia vocacional clara. Reconoce que ha sido llamado a sacar adelante una misión de manera parecida a los profetas antiguos. Y lo hace con otros, que también han sido llamados a llevar el Evangelio a otros pueblos. No son sus ayudantes sino trabajadores como él, por tanto son co-laboradores en la misión que Dios les ha encomendado. Es un trabajo que se hace en equipo. Incluso cuando no nombra a ninguno de los miembros de su equipo, escribe con la aprobación de *todos los hermanos* (misioneros) (Gal 1:2), para que quede claro de que no se trata de su opinión personal, sino la del equipo entero (Flp 4:21).

La Primera Carta a los Tesalonicenses está escrita en nombre de un equipo pastoral: Pablo, Silvano y Timoteo (1Tes 1:1). Se trata de un *nosotros.* Los tres contribuyeron a fundar la comunidad de Tesalónica. No se presentaron ante ellos como charlatanes a decirles cosas agradables a sus oídos ni tampoco pretendían sacarles el dinero, sino que se presentaron como personas honradas con el propósito de dar un testimonio *de acuerdo a la verdad.* Venían de Filipos, donde tuvieron que sufrir mucho, pero se acercaron a Tesalónica con un mensaje valiente (1Tes 2:1-12). Su ministerio fue corto, pero poderoso, *con el Espíritu Santo y con mucha convicción.* La respuesta por parte de los Tesalonicenses fue excelente (1Tes 1:5-6). Ahora, desde Corinto, quieren animarles a afianzarse en el camino que ya habían emprendido bajo la guía del equipo pastoral.

El equipo pastoral se siente cualificado para hacer un buen trabajo, porque *han sido examinados* por Dios y Dios los declaró *aptos* para llevar adelante la misión y, por eso, les encomendó la Buena Noticia. Estos miembros del equipo pastoral no tenían otra motivación mas que agradar a Dios y cumplir con el mandato que habían recibido. Además sabían que serían examinados otra vez por Dios, que es capaz de leer el interior de los corazones (1Tes 2:4). En esto se parecían al profeta Jeremías que, sabiendo los planes de los malvados contra él, se puso en las manos de Dios que lee los corazones y que, por tanto, conoce su honestidad; de ahí que espere que Dios acuda en su defensa (Jr 11:20).

El equipo pastoral tuvo que sufrir muchas penas y Pablo anticipa que los padecimientos van a continuar, como corresponde a la vocación de todos los que han sido llamados a trabajar por el Evangelio (1Tes 3:4). Es la historia de los profetas. Ya los mismos Tesalonicenses están sintiendo cómo, al aceptar la Buena Noticia, ellos mismos han de enfrentarse a situaciones difíciles ocasionados por los que quieren apartarlos del camino recto (1Tes 3:3).

Pero no pueden echarse atrás. Aunque los propagandistas del imperio vociferen *Paz y Seguridad*, los enviados por Dios tienen que anunciar el Día del Señor, día de juicio para todos los pueblos (1Tes 5:2-3). Se vuelve a repetir la historia de Jeremías, cuando los líderes de Israel decían *¡Paz, paz!* y el profeta anunciaba que no iba a darse la paz (Jr 6:14). Tanto los miembros del equipo pastoral como Jeremías dicen que vendrá la *visita del Señor* cuando menos se lo esperen, como los dolores de parto le vienen a una mujer embarazada (Jr 6:24).

Por consiguiente, los miembros del equipo pastoral saben muy bien que están llevando adelante una misión profética. Han sido designados por Dios para proclamar un mensaje al mundo entero. No pueden dedicarse a complacer a la gente, sino a anunciar lo que Dios está haciendo y lo que se propone hacer en el futuro. Todo lo hacen por Dios. De ahí que anticipen la oposición y el sufrimiento, continuando así la historia de los profetas.

El Caso de Pablo

Pablo es un caso particular dentro del equipo pastoral. El tuvo una experiencia personal, a la que se refiere en la Carta a los Gálatas, escrita unos cuantos años después de la Primera Carta a los Tesalonicenses.

En la Carta a los Gálatas Pablo habla de un evento que había sucedido unos veinte años antes. Pero no narra una historia ni transmite un diálogo con Cristo como hace el Libro de los Hechos, sino que menciona su vocación de paso, cuando estaba envuelto en una disputa. Habían acusado a Pablo de que estaba *aguando* el Evangelio para hacerse más atrayente a los gentiles. Decían las malas lenguas que en realidad Pablo no era un apóstol a la altura de los Doce Apóstoles y de que se había apropiado de la misión a los Gentiles por su propia cuenta. Lo acusaban de ser un misionero rebelde, buscando un campo misional exclusivo, porque no estaba de acuerdo con sus superiores de Jerusalén y de Antioquia. De todo esto se tiene que defender Pablo y lo hace recordando su vocación.

El asunto central que Pablo tiene que defender es la validez del Evangelio que predica a los gentiles, que consiste en la *buena noticia* de que Dios ha enviado a Jesucristo para nuestra salvación, independiente de la Ley judía. Pero, para defender este punto, primero tiene que mostrar que es un apóstol auténtico, enviado por Dios para una misión entre los gentiles. De ahí, que empiece por explicar su *vocación.*

Pablo comienza su defensa diciendo que no se ha hecho misionero por su propia cuenta. No ha sido una decisión suya el dirigirse a los gentiles. Al revés, como todo el mundo sabe, Pablo quería destruir a la Iglesia y había perseguido a los cristianos. Más aún, todavía lo estaría haciendo si no fuera por lo que le pasó. Dios le paró los pies y le obligó a dar media vuelta.

Cuando Dios lo consideró oportuno (Gal 1:15), se hizo presente en la vida de Pablo. Fue una sorpresa. Pablo no se lo esperaba. No se trata de que Pablo tuviera problemas de conciencia por haber perseguido a los cristianos, ni de que hubiera pensado mejor las cosas, dándose cuenta del error en que estaba. Simplemente Dios decidió hacerse presente de una manera sorpresiva y poderosa en la vida de Pablo.

Vocación empieza no con lo que uno quiere hacer con su vida, sino con lo que Dios quiere hacer para enderezar la marcha del mundo, ya que este mundo no funciona de acuerdo a los propósitos que Dios le había infundido cuando lo creó. Por tanto, el punto de partida es siempre Dios, como en el caso de Moisés, que se había escondido en el desierto y Dios lo sacó para enviarlo a Egipto, y el caso de los profetas, que disfrutaban tranquilamente su vida privada hasta que Dios los manda a confrontar a líderes y al pueblo. Pablo no es un voluntario que quiere trabajar en la Iglesia para reparar el daño que ha hecho. Al revés, es un *forzado* porque Dios, de pronto, se ha metido en su vida. Dios actúa así porque lo considera conveniente. Lo ha dispuesto de esta manera, no porque se haya visto obligado a hacerle un favor a Pablo para premiarle su fidelidad a la Ley o porque Pablo haya hecho méritos propios con su *celoso* entusiasmo. Todo es pura gracia; sencillamente, porque Dios quiere y cuando Dios quiere y con quien Dios quiere.

¿Qué hace Dios con Pablo? *Ponerlo aparte*, separarlo, como quien divide algo levantando una muralla por medio, como quien separa lo puro de lo impuro. Se decía esto de los sacerdotes, que habían quedado separados del resto del pueblo, para dedicarse exclusivamente al servicio de Dios en el Templo. Pablo ve este hecho de la separación como algo que Dios ya lo tenía decidido antes de que Pablo naciera. De esta manera Pablo se coloca en la tradición del Siervo Sufriente (Is 49:1,5) y de Jeremías (Jr 1:5). Ha sido elegido, como ellos, *desde el vientre de su madre*. Toda su vida hace sentido a partir de esta decisión divina. Incluso la etapa de perseguidor de la Iglesia también era parte de ese plan de Dios para prepararlo para ser apóstol. Pablo se siente *llamado*.

¿Cómo lo hace Dios? Dios le *destapa* una realidad, como cuando quitamos la tapa de una olla para ver lo que hay dentro. Dios *desvela* algo, como cuando se le quita a alguien el velo para verle la cara. Lo que Dios destapa y desvela es a su Hijo Jesús. ¡Vaya sorpresa! Pablo creía que Jesús había desaparecido de la historia, que con su muerte en la cruz se había cerrado el caso. Ahora Dios se lo muestra vivo, resucitado. Pablo creía que Jesús había sido una persona maldita y que por eso había muerto en la cruz. Ahora lo veía al lado de Dios como Señor del universo. Todo era al revés de cómo Pablo lo había entendido. Entonces la cruz adquiere un nuevo significado para Pablo. Ya no era simplemente un instrumento de muerte, sino el signo del amor de Dios (Rm 5:8). Y Pablo se ve implicado en esta historia de amor. Ahora Pablo se siente personalmente amado por Jesús, que *me amó y se entregó por mí* (Gal 2:20).

¿Qué ve Pablo? Ve una figura celestial que la identifica con Jesús de Nazaret. Aunque Pablo no había caminado con Jesús en Palestina, sabía lo suficiente sobre su vida y su muerte para poder identificar a sus seguidores y perseguirlos. El Cristo resucitado retiene las heridas de su pasión y crucifixión. Pablo *ve* de la misma manera que los apóstoles *vieron* a Jesús resucitado. Entonces Pablo se declara tan apóstol como ellos. Pablo queda al servicio de Jesús con la misión específica de ir a los Gentiles. E inmediatamente, sin consultar con nadie, inicia su trabajo de misionero en Arabia (Gal 1:17).

Pablo entiende que su vocación está *en línea con la de los profetas*, aunque nunca recibe el título de *profeta*. Pero su llamado y su ministerio se parece al de los profetas. Pablo, como la mayor parte de los profetas, recibe el llamado en el contexto de una visión. A lo largo de su vida Pablo sigue teniendo visiones o revelaciones que lo van encaminando en su trabajo misional.

Pablo se identifica con el profeta Isaías (Rm 10:14-16), el mensajero de buenas noticias que anuncia el regalo de paz que Dios concede (Is 52:7), pero que lo hace a un pueblo duro de cabeza que no le va a hacer caso (Is 53:1). De todas las maneras, citando al profeta Isaías (Is 1:9; 10:22-23), Pablo anuncia que quedará un resto (Rm 9:27-29). La cerrazón de Israel se convertirá en la oportunidad para dirigirse a las *naciones*, a los gentiles.

Pablo se coloca también en la piel del profeta Jeremías, a quien se le encargó la Palabra de Dios con un alcance universal. Jeremías no debe temer a sus enemigos porque está llevando adelante la misión que Dios le ha encomendado. Dios mismo se compromete a respaldarlo: *Yo estaré contigo* (Jr 1:7-10). De acuerdo al Libro de los Hechos, Jesús le dirige palabras parecidas a Pablo: "Levántate y ponte de pie. Pues me he aparecido a ti, para hacerte mi servidor y testigo de que me has visto, y de lo que te haré ver, rescatándote de tu pueblo y de las naciones a las que te envío" (Hechos 26:16-17). Años más tarde, Pablo les recuerda a los corintios que ha recibido *autoridad* de parte de Dios para *edificar* y *destruir* (2Cor 10:8 leído en relación con Jr 1:10).

El encuentro con el Cristo al que perseguía le hizo tomar conciencia de que el Crucificado no era el objeto de la ira de Dios, sino de su propia ira, es decir, de su propia agresividad contra todo lo que se desviaba del rigor de la Ley. La visión del Hijo de Dios divide la vida de Pablo en dos partes: *Un antes y un después*. Antes de la visión Pablo era perseguidor de los cristianos, después de la visión es un apóstol de la Iglesia. Desde esta nueva perspectiva, todo lo anterior es considerado como *basura* (Flp 3:7). El encuentro con Cristo le obliga a Pablo a reconsiderar quién es él mismo, quién es Dios para él, quién pertenece al pueblo de Dios, qué papel juegan los gentiles y cual es el futuro de la humanidad.

Desde esta perspectiva de su vocación, Pablo responde a los que le acusaban de ser un apóstol por su propia cuenta y de aguar el evangelio para ganarse la simpatía de los gentiles. Pablo es un apóstol auténtico porque Dios lo ha llamado como a los antiguos profetas. Es un apóstol verdadero en la línea de los Doce porque ha visto a Cristo resucitado y ha recibido una misión de su parte. Su Evangelio es auténtico porque es la proclamación del Hijo de Dios como Señor del universo. Se dirige a los gentiles porque así se lo ha ordenado Dios. Por tanto, es apóstol de los gentiles, no por decisión propia, ni por encomienda de los líderes de Jerusalén, sino por mandato divino.

¿Por qué se declara Pablo apóstol? No por su cualidades personales, no por su iniciativa, sino porque Dios lo ha *capacitado* (2Cor 3:5). Ha sido un acto de *misericordia* por parte de Dios, que le ha confiado el ministerio; por eso Pablo ni se *desanima* ni se calla *por vergüenza* (2Cor 4:1-2). Al final, Pablo puede decir que la gracia de Dios *no ha sido vana* en él; no ha caído en saco roto, sino que ha producido el fruto esperado. Pablo ha trabajado más que todos los demás, *no yo, sino la gracia de Dios conmigo* (1Cor 15:10).

La Acogida de su Vocación

Una vez que recibe el llamado, Pablo inmediatamente se pone en movimiento y se lanza a la misión de Arabia (Gal 1:17). Tres años más tarde va a Jerusalén y se entrevista con Pedro y Santiago (Gal 1:18-19). Aquellos que antes temían a Pablo por ser perseguidor de la Iglesia, ahora encuentran en Pablo un motivo para alabar a Dios por el cambio que se ha operado en él (Gal 1:24). Reconocen que Pablo comparte su misma fe (Gal 1:23) y, por tanto, que su Evangelio es auténtico. Si más tarde surgieron problemas, no fue porque Pablo cambiara de postura o predicara otro Evangelio, sino porque algunos miembros de la comunidad mudaron su parecer respecto de Pablo.

Catorce años más tarde, Pablo vuelve *de nuevo* a Jerusalén (Gal 2:1). Esta vez va acompañado de Bernabé y Tito. Lo hace porque ha recibido *una revelación.* Pablo quiere conseguir que los líderes de la comunidad de Jerusalén faciliten su misión haciendo una declaración de que *su Evangelio* es de origen divino, no vaya a ser cosa que esté trabajando *en vano.* Consulta con ellos *privadamente* y obtiene un acuerdo. Pedro se dedicará a los judíos y Pablo a los gentiles (Gal 2:7-9).

¿Cómo se ha de entender este acuerdo? Geográficamente es imposible, pues judíos y gentiles viven mezclados compartiendo un mismo espacio. Tampoco se puede entender como reparto de zonas étnicas porque dejaría fuera a los demás apóstoles. Además había ya varios precedentes: Felipe había trabajado en Samaria y había recibido al oficial extranjero (Hechos 8) y el mismo Pedro había acogido al centurión Cornelio y a toda su familia, con la posterior aprobación de la comunidad (Hechos 10). Por tanto, este acuerdo de Jerusalén parece decir que tanto Pedro como Pablo son reconocidos como auténticos apóstoles y que su misión apostólica es tan válida la una como la otra. No hay más que un evangelio que ha sido encomendado (verbo en pasiva en Gal 2:7) por Dios a varios apóstoles para que lleven a cabo su misión de manera distinta.

Es difícil traducir experiencias personales en comunicaciones que expliquen de manera clara lo que ha pasado dentro de una persona. Es evidente que Pablo no actúa por iniciativa propia, sino por algo que ha venido de *afuera.* Vocación es lo que Dios hace. La persona llamada puede entusiasmarse porque se siente personalmente amada o puede asustarse por el peso tan grande que se le viene encima, pues es una persona forzada a llevar adelante una misión que no ha nacido dentro de ella, sino que se impone como mandato.

Por eso la misión se hace en equipo. Hay otros misioneros que también han recibido el mandato de proclamar el evangelio. Este evangelio no es propiedad exclusiva del equipo ministerial, sino que pertenece a toda la Iglesia. De ahí que la vocación de los misioneros tenga que ser acogida y reconocida por los líderes de las otras comunidades cristianas. De lo contrario, se estaría trabajando *en vano*.

PABLO, TRANSFORMADO

Pablo vuelve a hablar de su vocación en la Carta a los Filipenses (3:2-17). Esta vez no tiene que defender su carácter de apóstol ni tampoco la misión a los gentiles, porque cuando escribe la Carta a los Filipenses la misión a los gentiles es ya un hecho innegable, que no se puede cuestionar. Ahora el problema está en explicar lo que significa tener fe en Cristo Jesús.

Una Nueva Forma

Dios había abierto los ojos a Pablo y le había mostrado a Jesús, el crucificado que ha resucitado y ha sido constituido en el Señor del universo. Pablo se sintió amado por Cristo, que había dado su vida por él, y fue enviado a proclamar el evangelio a los gentiles. Pablo tuvo que dar media vuelta, no sólo porque en vez de perseguir, ahora se iba a dedicar a predicar, sino porque tenía que representar a aquel que lo había enviado.

La vocación no es simplemente una labor o un quehacer que se encarga a una persona, ni tampoco un oficio o profesión a la que uno se dedica para ganarse la vida. La persona llamada no sólo transmite un mensaje, como un cartero, sino que se identifica con el que envía, como si fuera su doble. Entonces, la vocación implica una transformación personal para poder reflejar al que envía. Pablo ha de dejar atrás una manera de ser para tomar una nueva *forma*; ha de *con-formarse* a Cristo. Por tanto hay que empezar por preguntarse *¿Cómo es Cristo?*

Pablo lo explica de dos maneras (Flp 2:5-11).

Primero, Pablo mira hacia arriba y considera a Jesús desde el punto de vista de Dios. Jesús tiene todas las prerrogativas que le pertenecen por ser Dios, pero no se *aferró* a ninguna de ellas, sino que *se vació* hasta tomar la forma de esclavo. Es decir, Jesús no quiso mostrarse con todo el esplendor que la gente atribuía a Dios, sino que voluntariamente decidió ocupar el lugar más inferior en la escala humana para darse a conocer. En su bajeza no dejó la condición divina, sino que la mostró. Si quieren saber quién es Dios, hay que fijarse precisamente en la debilidad y no en la fuerza, como pensaba la gente.

Segundo, Pablo considera a Jesús desde el punto de vista humano. Jesús se dio totalmente hasta entregar su vida por nosotros en la cruz. Allí mostró el amor tan grande que Dios tiene por todos los hombres. Este proceso de *abajamiento* es también un proceso de *exaltación*. Ahí, en la cruz, se muestra que Jesús de Nazaret es el Señor del universo, que debe ser reconocido por toda criatura.

Pablo tiene que adquirir la *forma* de Jesús, tal y como se ha manifestado en la cruz, para así poderlo hacer presente. Jesús es el modelo a seguir. Lo que vale para Jesús, vale para Pablo y para todos los cristianos. Hay un llamado que Dios hace en Cristo a todo el mundo (Flp 3:14). Este llamado de Dios divide a la humanidad en dos grupos: los que responden negativamente porque quieren seguir sus propios planes agarrándose a las normas de la sociedad y los que están dispuestos a fiarse de Dios tomando la *forma* de Cristo Jesús. Según Pablo, los del primer grupo viven *en la carne* y los del segundo grupo viven *en Cristo Jesús* (Flp 3:3).

Por un tiempo Pablo fue uno de los que vivían *en la carne*. El se sentía muy orgulloso de ser judío, miembro del pueblo escogido por Dios y destinado a la salvación, mientras que los demás eran *pecadores* y estaban sentenciados a la condenación. Pablo era una persona privilegiada y había vivido de acuerdo a su condición especial (Flp 3:4-6).

Pero cuando obtuvo *la excelencia del conocimiento de Cristo Jesús, mi Señor*, entonces todo cambió. Lo que antes le parecía *ganancia* (todos los privilegios como miembro de la raza judía) ahora lo considera *pérdida*. Más aún, *todo*, absolutamente todo, es pérdida para Pablo. Todo lo que antes le parecía muy valioso, ahora lo considera *basura* (Flp 3:7-8).

Cristo lo ha cambiado de arriba abajo; Pablo ha encontrado su verdadero ser al encontrarse con Cristo. Más aún, Pablo ha tomado la *forma* de Cristo (Flp 3:10). Ahora es un *con-formado* con Cristo en su pasión y la fuerza de la resurrección de Cristo actúa en él. Por eso espera que participará en la resurrección de los muertos (Flp 3:11). De ahora en adelante lo único que cuenta es *estar con Cristo*.

Pero todavía no ha logrado su objetivo. Queda mucho camino por recorrer. No ha llegado a la meta, pero, como un buen corredor, se lanza tras ella y se esfuerza por alcanzarla. Ahora se da cuenta de que Cristo ha corrido más que él y que lo ha *alcanzado* a él primero (Flp 3:12). No ha llegado al final (Flp 3:13), pero el pasado (la vida *en la carne*) ha quedado atrás y, por delante, sólo ve el premio prometido al ganador (Flp 3:14).

Ahora Pablo vive ya *en Cristo*. Esta es su existencia. Cuando pase por la cárcel aceptará los sufrimientos, por una parte, porque lo identifican más a Cristo y, por otra, ya salga libre ya lo ejecuten, Cristo será alabado en su liberación o en su muerte. Su preferencia es clara: estar *en Cristo* –no en el sentido de querer dejar este mundo, sino de unirse más a Cristo, porque ya ahora, en vida y en la cárcel, ya está unido a Cristo; la muerte lo único que hace es facilitar más su unión a Cristo. Pero el proyecto evangelizador todavía requiere de su presencia, por eso les dice a los filipenses que tiene la seguridad de que saldrá libre de la cárcel para trabajar con ellos (Flp 1:21-26).

Entonces Pablo se ofrece como ejemplo y modelo a seguir. No se trata de repetir el estilo de vida de Pablo o lo que él hizo, sino de adquirir la *forma* de Cristo. Si Dios fue capaz de transformar a Pablo, un perseguidor de la Iglesia, también la gracia de Dios puede transformar a cualquiera de nosotros. Todos estamos llamados por una vocación celestial de Dios a adquirir la forma de Cristo (Flp 3:15-16).

Una Nueva Visión

¿Qué ha cambiado en Pablo? Primero, tiene otra actitud. Antes le daba mucha importancia a su condición de judío y a ser bien considerado por la sociedad. Todo eso no le importa ahora. No piensa mas que en Jesús y el futuro que ha abierto para toda la humanidad. Hasta ahora Pablo se había dedicado a estudiar la Ley, que ciertamente era una manifestación de la voluntad de Dios; desde ahora se dedica a proclamar a Cristo, que es la última y definitiva actuación portentosa de Dios.

Pablo mira a Dios con otros ojos, porque le ha mostrado a su Hijo. Antes no conocía la Trinidad. Ahora las palabras Padre, Hijo y Espíritu Santo tienen un sabor especial para Pablo. Dios no sólo ha actuado por medio de la persona de Cristo, como lo hizo con los profetas antiguos, a los que había confiado su Palabra, sino que Dios mismo se ha hecho presente en la persona de Cristo. El poder de Dios se ha manifestado precisamente en la cruz. La cruz ya no es más el destino final de los malditos, sino el signo del amor profundo de Dios por nosotros. A Dios se le conoce precisamente en la cruz. Ese es el Dios que ahora vive en su pueblo por medio del Espíritu Santo, que nos constituye a todos en Templo de Dios.

Pablo revisa también la historia sagrada. Las promesas hechas a Abrahán, de ser una bendición para todos los pueblos, se realizan en el nuevo pueblo de Dios, donde caben tanto judíos como gentiles. A este pueblo se accede, no mediante la circuncisión y otras costumbres judías, sino por la fe en Cristo celebrada en el bautismo. "pues en un único Espíritu todos nosotros hemos sido bautizados en un cuerpo, ya judíos ya griegos, ya esclavos ya libres, y todos bebemos del mismo Espíritu" (1Cor 12:13). Esta es la misión que ha sido encomendada a Pablo: la de proclamar por todas partes que todos están llamados a ser miembros del pueblo de Dios.

Pablo tiene que repensar también la base de su esperanza. La nueva época que los judíos esperaban en un futuro lejano, cuando se daría la resurrección de los muertos, ya es un hecho en la resurrección de Cristo. El proceso de transformación del universo ya ha comenzado, aunque todavía no haya llegado a su plenitud. Ahora vivimos en tensión entre dos mundos, el de la *carne* y el del *Espíritu*, y pertenecemos a dos épocas a la vez: al presente donde hemos nacido y al futuro al que estamos destinados. Estamos *con* Cristo, pero *todavía no* en su gloria.

Cristo divide la historia en dos partes. La época dominada por el Pecado todavía perdura, pero le queda poco, pues *el tiempo está acortado* y *pasa la estructura de este mundo*. Por tanto hay que vivir *como si no*, es decir, todo lo que ofrece el mundo tiene un valor relativo (1Cor 7:29-31). De ahí que Pablo no tenga prisa por cambiar las condiciones sociales, ya que se caerán por su propio peso. Por eso recomienda que cada uno permanezca donde está, sin grandes ambiciones por cambios. Pablo vive ya desde los tiempos nuevos que ha inaugurado Cristo: muerto al mundo como creatura nueva por el bautismo; se mueve en un mundo donde ya no se clasifica la gente entre judíos y griegos, libres y esclavos, hombres y mujeres (Gal 3:28).

Pablo ha cambiado la manera de cómo ve a los demás. No los puede juzgar con criterios simplemente humanos. "Por tanto ya no valoramos a nadie según la carne. Y si antes conocimos a Cristo según la carne, sin embargo ahora de ninguna manera lo conozco así" (2Cor 5:16). No sabemos bien lo que Pablo conocía de Jesús antes de que Dios se lo *mostrara*, pero ciertamente sabía lo suficiente como para perseguir a los cristianos. Juzgaba a Jesús (y a todos los demás) según la opinión pública. Ahora lo ve como *Hijo de Dios*.

Entonces lo importante es tener una vida totalmente dirigida por Cristo. El gran peligro es tener un *corazón dividido* por el que uno quiere estar a la vez *en Cristo* y *en el mundo*, agradar a la vez a Dios y a la gente. Aunque cada cristiano tiene que negociar esta tensión a su manera, unos casados y otros solteros, Pablo ya ha hecho su decisión: será célibe para mantenerse totalmente dedicado a Dios, así no tendrá distracciones en su vida.

Pablo ha cambiado su manera de verse a sí mismo. Ya no es el furioso perseguidor sino el servidor de un nuevo Señor, Jesucristo. Ya no es el orgulloso cumplidor de la Ley, sino el humilde colaborador en una misión. Ya no es el hombre modelado por el imperio, sino el con-formado a Cristo. Esta nueva *personalidad* de Pablo la irá explicando poco a poco con muchas palabras: esclavo, apóstol, embajador, padre, hermano...

De esta manera Pablo se convierte en ejemplo para toda persona de fe en Cristo. El creyente, como Pablo, tiene que dejarse transformar por un encuentro con Cristo, un encuentro que cambia actitudes, mentes y corazones. Pablo es modelo para todos que quieren dejar atrás lo que pertenece a la *carne* para incorporar lo que viene del Espíritu, hasta que Cristo sea *todo en todos*.

Oyente de la Palabra

Pablo lee la Sagrada Escritura de otra manera. La Sagrada Escritura siempre fue y seguirá siendo la expresión de la voluntad de Dios. La Palabra de Dios indica cómo Dios escucha el grito de los oprimidos, que pone de manifiesto que este mundo no camina de acuerdo a lo que Dios quería cuando lo creó. Dios responde al clamor y a la oración de los que sufren. De ahí que Dios se fijara en Abrahán y le hiciera la promesa de crear un pueblo y ser una bendición para todas las naciones.

Dios cumplió su palabra creando al pueblo de Israel y le dio la vocación de ser *un reino de sacerdotes* y *una nación santa*. Para eso le regaló la Ley por medio de Moisés. Pero, de acuerdo a los profetas, el pueblo no fue fiel a su vocación.

Usaron la Ley para distanciarse de las otras naciones. De ahí que viniera el desastre de la destrucción del Templo de Jerusalén y de las deportaciones al exilio. Pero los profetas también anunciaron que Dios volvería a restaurarlos, haciendo que un *resto*, un grupo pequeño fiel y pobre, sobreviviera.

Pablo se ve forzado a aceptar que Dios ha hecho últimamente una *maravilla* mucho mayor que las anteriores: Dios ha enviado a su Hijo Jesús. Entonces toda la Escritura hay que leerla desde este punto de vista, desde Cristo. Todo lo anterior fue anuncio, todo lo que sigue es cumplimiento. Abraham recibió la promesa de ser bendición para todos los pueblos y de tener una tierra nueva. Eso se cumple en Cristo, que crea el nuevo pueblo de Dios abierto a todas las naciones y ofrece *una creación nueva* para todos. Entonces, el que ha puesto la fe en Cristo encuentra en la Escritura la Palabra de Dios que lo va educando paso a paso para que uno entre en este proceso de renovación que ha iniciado Dios en la persona de Jesucristo.

La Respuesta Cristiana

Pablo, que ha sido transformado en mente y corazón, está en posición de responder a las grandes preguntas básicas que se hacían todos judíos:

¿Quién es el Mesías, el Cristo? Jesús de Nazaret. Su resurrección es la señal clara de que Dios respalda todo lo que Jesús dijo e hizo. La resurrección de Jesús es el principio de la época definitiva.

¿Quién pertenece al pueblo de Dios? Todos aquellos de cualquier raza y condición que aceptan la última *maravilla* de Dios: el envío de su Hijo. En fe se abren al poder transformador del Espíritu Santo y por el bautismo se incorporan al nuevo pueblo de Dios.

¿Cuándo se va a dar la transformación total? La resurrección de Jesús es *el primer fruto*, el principio del proceso, aunque no sabemos cuando llegará a su cúlmen, cuando se producirá la venida gloriosa de Cristo. Este tiempo en el que vivimos es el tiempo en el que el Mesías reúne a su pueblo, a todos aquellos que ponen su fe en Jesús, el Señor Resucitado. Este es el tiempo de la misión de anunciar por el mundo entero el señorío de Jesús. Esta es la misión que Pablo ha recibido: ir hasta el último rincón del imperio romano y proclamar que hay un nuevo Señor, que es Jesús de Nazaret, el que fue crucificado y que ha resucitado.

PABLO, SANTO

Cristo sale al encuentro de Pablo en el camino de Damasco. Ese encuentro lo remite a otro: el encuentro con la comunidad cristiana. *¿Por qué me persigues?* (Hechos 9:4), le pregunta Jesús. Cuando Pablo persigue a los miembros de la comunidad cristiana, Jesús se siente personalmente perseguido (Hechos 9:13). Perseguir a los cristianos es lo mismo que perseguir a Cristo. No se puede dar un encuentro con Jesús sin encontrarse con los cristianos. Jesús y los cristianos forman una unidad; más tarde Pablo dirá que los cristianos son *el cuerpo de Cristo.*

Según el libro de los Hechos de los Apóstoles, no fue fácil para los primeros cristianos aceptar al antiguo perseguidor. Hizo falta una intervención directa de Cristo para que Pablo fuera recibido en la comunidad cristiana. Cristo se hizo presente a Ananías y le mandó que acogiera a Pablo. Ananías se resistía, dada la fama de *celoso* perseguidor que Pablo tenía. Pero, finalmente, Ananías también tuvo que escuchar la voz de Cristo, *se convirtió* y, obediente, salió al encuentro de Pablo, diciéndole: *Saulo, mi hermano* (Hechos 9:1-19). Más aún, Ananías pasa a ser el medio por el que Cristo le comunica a Pablo su vocación: "Este es vasija escogida para mí para llevar mi nombre a todas las naciones, a sus reyes, y a los hijos de Israel" (Hechos 9:15).

Pablo había tenido el encuentro con Cristo y había recibido el mandato de llevar el mensaje por el mundo entero, pero no había caminado con Jesús por Palestina. Pablo no había oído las palabras de la propia boca de Jesús ni había sido testigo de sus obras maravillosas. Por tanto, Pablo tenía que aprender a pensar y a expresarse *en cristiano*. Eso lo consiguió de la mano de los miembros de la comunidad de Damasco. Uno no llega a ser cristiano en solitario, por su propia cuenta, como lo puede hacer un científico cuando cambia de opinión después de un gran periodo de investigación por su propia cuenta. Uno se inserta en Cristo por el bautismo, cuando es recibido en una comunidad, y crece, cuando comparte la eucaristía con los demás cristianos. No se puede ser cristiano aisladamente, sino que uno llega a ser cristiano cuando se deja educar y guiar por una comunidad. Sin comunidad, no hay cristianismo.

Los primeros cristianos se llamaban *santos*, es decir, consagrados a Dios, santificados por el Espíritu Santo en el bautismo, miembros del pueblo de Dios *en Cristo* (Flp 1:1), por tanto elegidos por Dios y dedicados a su servicio. Porque eran *santos*, debían de vivir de una manera distinta de los que no tenían fe; debían de vivir *santamente*. Jesús así lo había enseñado: Entre los gentiles los líderes se permitían oprimir a sus súbditos; *no debe ser así entre ustedes*; el que quiera ser primero ha de ser servidor de todos.

Pablo aprende en la comunidad una *tradición* y sabe que tiene que pasar la *tradición* a otros. Distingue muy bien entre lo que Jesús había dicho tal como lo transmite la Iglesia y su propia opinión. Pablo no pierde oportunidad para citar palabras aprendidas en la comunidad (Abba, Maranatha, Amén, etc.), himnos, fórmulas bautismales y tradiciones eucarísticas. Pablo no inventa una nueva religión, sino que testifica sobre una realidad, Cristo Jesús resucitado, y la explica tal y como la vive en la comunidad cristiana.

Sin embargo, Pablo no se limita simplemente a repetir la *tradición* que ha oído en la comunidad de Damasco, sino que se la apropia personalmente y la elabora para poderla presentarla a un mundo cultural distinto al que había nacido. La primera expresión de la fe cristiana se hizo dentro del marco de la cultura judía. Jesús y todos los apóstoles fueron judíos de Palestina. El marco de referencia era Jerusalén y las instituciones judías alrededor de su Templo. Pero Pablo tiene la misión de llevar el mensaje a personas que no conocen la Ley ni el Templo -individuos a los que hay que explicar las costumbres y las tradiciones judías porque se mueven en otro marco cultural: el helenismo, que tiene como base la filosofía griega.

El pensamiento judío es histórico, horizontal: ha habido un comienzo con la creación del mundo; se ha dado un desarrollo con los patriarcas y la creación del pueblo de Israel; habrá un juicio y una época nueva. El pensamiento griego tiende a ser estático, vertical: lo terrenal es un espejo del mundo celestial; en el mundo todo está cambiando constantemente, pero hay algo permanente que perdura; por debajo de la fluidez de la vida hay un cauce que lleva el agua, hay un sustrato que mantiene todo en pie; desde la tierra se empieza a participar ya de las realidades celestes. Para los helenistas la historia sólo tiene un valor de modelo, es maestra de la vida, presenta ejemplos de cómo salir victoriosos en la vida.

Para explicar la realidad del señorío de Cristo, Pablo pone juntas estas dos maneras de pensar, pues él es un *judío helenista*. Por una parte mira hacia adelante y espera la época definitiva que inaugurará la venida gloriosa de Cristo. Por otra parte, nos dice que ya desde ahora participamos en la vida de Cristo por medio de la actividad del Espíritu Santo. Esta es la *síntesis* que Pablo elabora en compañía de su equipo pastoral, para poder presentar el mensaje cristiano a personas que piensan y viven con las inquietudes que genera el imperio romano.

Pablo pasó tres años en Damasco. "Inmediatamente empezó a proclamar en las sinagogas a Jesús, que éste es el Hijo de Dios", provocando el asombro de todos, que se preguntaban: "¿No es éste el que perseguía en Jerusalén a los que invocan ese nombre? ¿No ha venido aquí para llevarlos encadenados ante los jefes de los sacerdotes?" (Hechos 9:20-21). Parece ser que Pablo llevó adelante una misión entre los Nabateos, en Arabia, de donde tuvo que salir huyendo (2Cor 11:32-33). Tras esta aventura Pablo se volvió a Tarso, a su ciudad natal.

El Libro de los Hechos de los Apóstoles, aparte de los datos históricos que aporta, presenta una historia ejemplar: Pablo es el modelo de todo misionero cristiano. Por tanto, fijándose en Pablo el misionero cristiano ha de descubrir que el primer paso es el encuentro personal con Cristo. Se trata de un encuentro transformador de tal magnitud que uno tiene que dar media vuelta en su vida. Ese encuentro con Cristo conduce a un encuentro con la comunidad cristiana, donde uno vuelve a nacer por medio del bautismo, crece en las celebraciones eucarísticas y va desarrollando las actitudes propias de un cristiano en las catequesis eclesiales. Es en este contexto de Iglesia donde se escucha la voz de Cristo llamando a uno a participar en la misión y ser enviado al mundo. Todo esto es lo que define al misionero cristiano. El Libro de los Hechos de los Apóstoles lo escenifica mediante la figura de Pablo, el modelo a tener en cuenta por todos los misioneros.

PABLO, CRISTIANO

Bernabé, el líder de la comunidad cristiana en Siria, fue a Tarso en busca de Pablo y se lo trajo a Antioquia para que le ayudara en la misión a los gentiles que la comunidad había decidido organizar. Pablo pasó unos doce años en esta comunidad de Antioquia.

Antioquia de Siria era una de las ciudades más importantes del imperio romano. Tenía una numerosa población judía, con varias sinagogas muy bien provistas por comerciantes ricos. En aquellos tiempos las sinagogas estaban abiertas a grupos que interpretaban la Biblia de distintas maneras. Incluso admitían a gentiles asociados que simpatizaban con la tradición judía, aunque no estaban dispuestos a circuncidarse o a practicar otras costumbres judías.

Muchos miembros de esas sinagogas de Antioquia habían aceptado a Jesús como Mesías. Así como los seguidores del *camino de Jesús* en Jerusalén iban al Templo y después tenían sus celebraciones propias en las casas particulares, de manera parecida los creyentes judíos de Antioquia acudían a la sinagoga y después celebraban la Eucaristía en sus casas.

Tal vez muchos seguidores del *camino de Jesús* en Antioquia eran refugiados provenientes de Jerusalén, que, tras la persecución que se originó con la muerte de San Esteban, habían decidido poner tierra por medio y buscar un lugar más seguro alejados de la capital del judaísmo. Estos inmigrantes trajeron consigo la visión de San Esteban de que lo importante era la fe en Jesucristo y que la Ley y el Templo tenían un valor secundario. Uno entraba a formar parte del pueblo de Dios por el bautismo en nombre de Jesús, el Mesías crucificado, y no hacía falta nada más. Por tanto, la circuncisión y las otras prácticas judías no eran necesarias. Los judíos podían seguir practicándolas de acuerdo a su cultura, pero no debían imponerlas a los que fueran de otra cultura. Este era un mensaje que sonaba muy bien a los oídos de las personas de cultura helenista que no querían pasar por todos los rituales de la tradición judía.

Así probablemente pensaba la comunidad que presidía Bernabé. Bajo su dirección se organizó una misión dirigida a *los griegos*, es decir, a los gentiles que no estaban asociados con la sinagoga. Para esta misión quería Bernabé a Pablo a su lado. La misión tuvo un gran éxito. A los ojos de la comunidad de Antioquia, la acogida tan favorable del evangelio por parte de *los griegos* era un signo claro de que Dios quería formar su pueblo con judíos y gentiles juntos, sin tener que pasar por la mediación de la sinagoga. Para formar parte del pueblo de Dios, no hacía falta *hacerse judío* primero. Bastaba con aceptar a Jesús como Mesías bautizándose.

Bernabé, Pablo y el resto de la comunidad creyente de Antioquia leyeron *los signos de los tiempos*: De la misma manera que Dios había elegido al pueblo de Israel, separándolo de los otros pueblos, ahora Dios elegía a los gentiles para formar el nuevo pueblo de Dios, separándolos de la idolatría y de su mal vivir pagano; los liberaba de la esclavitud al Pecado, para pasarlos a una vida de comunión en la Iglesia.

Los judíos tradicionales también leyeron *los signos de los tiempos*, pero los interpretaron de otra manera: esta misión a *los griegos* era una declaración de guerra al pueblo judío. Se destruían las barreras que habían sido levantadas para proteger la identidad del pueblo judío, para distinguir entre santo y profano, puro e impuro, judío y gentil. Si caían estas barreras, entonces se anulaba la alianza que Dios les había ofrecido y que era el fundamento que sostenía a Israel. El Templo y las Escrituras pasaban a ser irrelevantes. Desde su punto de vista, los del *camino del Mesías* habían ido demasiado lejos.

Bernabé y Pablo persistieron en llevar adelante su misión a los *griegos*, puesto que *Dios no hace distinción de personas* (Gal 2:6). Entonces vino la ruptura con la sinagoga. Los que seguían *el camino* de Jesús, el Mesías, pasaron a ser conocidos como *cristianos* (Cristo traduce en griego la palabra hebrea de Mesías, el ungido). De ahora en adelante los seguidores del *camino de Jesús* se convierten en personas con su propia identidad aparte de la sinagoga; son los *cristianos* (Hechos 11:26).

Los cristianos aceptan la voluntad de Dios que ha decido que judíos y gentiles sean miembros de un único pueblo de Dios. Pero ¿qué pasa con las costumbres propias de cada grupo? Pablo las quiere eliminar de golpe; son normas que pertenecen a una etapa ya superada. Pedro, al parecer con el apoyo de los otros apóstoles, prefiere un compromiso para que no haya una ruptura drástica con los judíos tradicionales. Pablo no acepta condiciones y abandona la comunidad de Antioquia para misionar aparte.

Así comienza una nueva etapa en la vida de Pablo. El sigue viviendo de la *tradición* que ha aprendido en Damasco y Antioquia, pero la quiere transmitir sin ataduras, que cree superadas. Se da cuenta de que algunos lo considerarán *traidor* a su propio pueblo judío y otros se alegrarán de la acogida en libertad que van a recibir. Le da lo mismo, porque no busca el aplauso de nadie. Por eso Pablo tendrá que ir definiendo su vocación cada vez con más claridad, para declarar abiertamente que no está llevando adelante un proyecto particular, sino un mandato recibido de Dios mismo y que lo están haciendo de la mejor manera que sabe en una fidelidad absoluta.

LA FAMILIA, IGLESIA DOMESTICA

Los primeros cristianos que vivían en Jerusalén acudían al Templo y después tenían sus celebraciones comunitarias en casas particulares. Al parecer, esa fue también la práctica de las comunidades cristianas en Damasco y en Antioquia, donde los cristianos acudían a las sinagogas judías y después tenían sus celebraciones en casas particulares. Esta fue la situación de la Iglesia durante toda la vida de Pablo. Una vez que el Templo de Jerusalén fue destruido en el año 70 y los cristianos fueron expulsados de las sinagogas, las cosas cambiaron. Pero para entonces, Pablo ya había muerto.

Las celebraciones en casas particulares estaban bien arraigadas entre los cristianos porque recordaban el ejemplo del mismo Jesús, que no había mandado construir templos, ni estableció un sistema de sacrificios especiales, ni ordenó reemplazar a los sacerdotes judíos por otro grupo de oficiantes. Sin embargo, Jesús celebró la última cena con los apóstoles en una casa privada, con el mandato de *Hagan esto en conmemoración mía* (Lucas 22:19). La celebración de la eucaristía continuó siendo una celebración en familia por varios siglos, hasta que el crecimiento de los cristianos hizo imposible las reuniones en casas particulares y hubo que buscar espacios más amplios, que, con el tiempo, dieron lugar a los templos que ahora tenemos.

Sin embargo, el recuerdo de Jesús tenía también otro aspecto. Para seguir a Jesús, los discípulos debían *dejar atrás* a sus propias familias. Es decir, los compromisos familiares, por muy importantes que fueran, pasaban a un segundo plano (Lucas 9:57-62). Jesús crea una nueva familia con todos aquellos que están decididos a seguir su llamado. Los discípulos de Jesús pertenecen a una familia unida por lazos más fuertes que los de la sangre (Marcos 3:31-35). Uno deja atrás a la familia de sangre, para incorporarse a otra familia mayor con muchos hermanos y hermanas (Marcos 10:30).

Ser cristiano es pasar a formar parte de una familia, a la que se accede no por lazos de sangre, sino por lazos espirituales, que provienen del compromiso adquirido en el sacramento del bautismo. Aquí se da un nacimiento nuevo, donde uno crece en una familia nueva.

En la cultura de aquella época, la familia no estaba limitada a los padres e hijos, sino que comprendía a todos aquellos que se ponían bajo la protección de un mismo cabeza de familia. Familia eran los criados, los esclavos, los allegados y los trabajadores, ya que todos ellos dependían de alguna manera del cabeza de familia. Todos disfrutaban de los beneficios de vivir en esa familia y todos estaban obligados a guardar los deberes familiares. Sobre estas mismas bases culturales se organiza la comunidad cristiana.

El libro de los Hechos de los Apóstoles narra como familias enteras aceptaron la fe cristiana en bloque. Así lo hace el centurión Cornelio *con toda su casa* en Cesárea (10:2); la señora de negocios Lidia *y su casa* en Filipos (16:15); el carcelero de Pablo *con toda su casa* también en Filipos (16:33) y el líder de la sinagoga Crispo *con toda su casa* en Corinto (18:8). Es de suponer que todas estas casas se convirtieron en *iglesias domésticas* donde acudirían otros cristianos para celebrar la eucaristía en familia.

Pablo continúa manteniendo la costumbre de *iglesias domésticas.* Allí había sido educado en la fe. Pablo no tiene otra estructura que proponer. Habla repetidas veces del matrimonio de Aquila y Priscila, que habían sido expulsados de Roma y que eran fabricantes de tiendas de campaña, tal vez como el mismo Pablo. Este matrimonio tuvo casas en Corinto, después en Efeso y, más tarde, en la misma Roma. Sus casas sirvieron de lugar de reunión para los cristianos (1Cor 16:19; Rm 16:3-5). Así mismo en la casa de Filemón se reúne la iglesia (Flm 2). También se cita a Ninfa y *su iglesia doméstica* (Col 4:15).

Pablo está en constante movimiento. No se queda mucho tiempo en un sitio. No es *cabeza de familia* de ninguna de las iglesias domésticas. Son los cabezas de familia naturales los responsables de lo que pasa en cada casa. Por eso se pide que una de las virtudes más importantes que los primeros cristianos deben desarrollar es la de hospitalidad, la de acoger a los misioneros que van de un lugar a otro. Así era como el mismo Jesús lo había establecido, al decir a los apóstoles que se quedaran en la primera casa que los acogiera.

Pablo explica el contenido de su vocación a partir de dos experiencias básicas: la de la visión que Dios le proporciona (según Gálatas, o el encuentro con Jesús en el camino de Damasco o en el Templo, según Hechos) por la que Pablo se declara en *esclavo* y *apóstol* de Jesucristo, y la vivencia de la iglesia doméstica por la que Pablo se define como *padre* y *hermano.* La palabra *servidor* sirve de enlace entre estos dos aspectos.

PABLO, ESCLAVO

Pablo emplea muchas palabras para explicar su vocación. El mandato misionero no lo ha recibido de la comunidad, sino de Dios, que ha decidido enderezar el mundo por medio de su Hijo Jesús. Pablo se ha con-formado a Cristo, que vino a servir y no a ser servido. A partir de esta identificación con Jesús, Pablo explica su vocación.

Pablo nos sorprende con la primera palabra que utiliza para dar a conocer su vocación: Esclavo. De cara a Dios, Pablo consistentemente se presenta como un *esclavo* de Jesús el Mesías. Ciertamente, no es la introducción más gloriosa que podía haber escogido, sobre todo para quienes, siguiendo la manera de pensar de los griegos, estamos acostumbrados a usar la palabra *libertad* para definir al ser humano.

Las Biblias modernas evitan frecuentemente la palabra *esclavo* y en su lugar usan siervo, servidor o, incluso, ministro. Hay algo fuerte y chocante en la palabra *esclavo*, que no nos gusta ni siquiera oírla. Pero hay que recobrar su sentido pleno si queremos entender a Pablo.

Esclavo Romano

Cuando Pablo se identifica como *esclavo*, sabe lo que dice. La gente que lo escucha son ellos mismos esclavos, propietarios de esclavos o libertos (antiguos esclavos que habían obtenido la libertad). Todos entendían muy bien el significado de la palabra *esclavo*. Aquí no cabe un sentido metafórico. En la sociedad romana había el doble de esclavos que de personas libres; en las grandes ciudades comerciales la proporción era mucho mayor. La economía del imperio romano funcionaba a base del trabajo de los esclavos, que hacían todo lo necesario para que la sociedad prosperara.

Hay que advertir que nuestra imagen de esclavo, basada en la experiencia de importar personas de África para trabajar en las mansiones y en las haciendas de América, no corresponde a la idea de esclavo en la sociedad helenista. En el imperio romano, la mayor parte de los esclavos eran personas que habían nacido de padres esclavos o que habían caído prisioneros de guerra. Poblaciones enteras eran desplazadas a otros territorios, donde eran vendidas al mejor postor. Por tanto, había esclavos de todas clases: trabajadores de fuerza bruta, servidores domésticos, incluso maestros, músicos y administradores. Todos tenían en común el que no se pertenecían a sí mismos, sino que dependían de la voluntad de su amo.

El esclavo ocupa el puesto más bajo en la escala social. Sirve sin paga ni recompensa. Hay casos en que personas se ofrecen voluntariamente como esclavos, para no morirse de hambre. Según los filósofos de aquellos tiempos, no había nada más denigrante para un ser humano que hacerse esclavo voluntariamente. De acuerdo a Pablo, eso es lo que hace Jesús, que no se agarra a los honores que le corresponden como

Dios y que toma la *forma* de esclavo. Eso es también lo que propone Pablo para sí mismo.

Esclavo Judío

A los oídos de los griegos y de los romanos llamarse *esclavo de Dios* no tenía mucho sentido. La cultura helenista no utilizaba la palabra *esclavo* en sentido religioso. Uno podía ser *amigo* de los dioses, pero no su esclavo; uno podía ponerse bajo el patronazgo de los dioses, pidiéndoles ayuda, pero no los servía como esclavo.

Sin embargo, en la cultura judía, *esclavo* era equivalente a devoto, persona que vive de acuerdo a la voluntad de Dios. Dios es creador y Señor; el ser humano ha de honrarlo y servirlo como su creatura. Así en la tradición bíblica, Abraham, Moisés y los profetas se consideran *esclavos* de Dios, personas que se colocan a la disposición directa de Dios para llevar adelante una misión. La Virgen María también se llama *esclava* del Señor. De igual manera, el cristiano podía designarse como *esclavo* de Dios. El esclavo obedece a su Señor y se siente orgulloso de que su Señor se haya fijado en él y que haya confiado en él para encomendarle una misión, aunque no sea de su agrado y conlleve enormes sufrimientos. Por tanto, Pablo al llamarse *esclavo* se coloca en la línea de los grandes servidores en la historia bíblica.

Jesús, esclavo

Pablo todavía guarda una sorpresa mayor, que hace abrir los ojos tanto a judíos como a gentiles: Este Jesús, a quien Pablo se propone servir como esclavo, era él mismo un esclavo que murió como tal en la cruz y que, por su actitud reverente, ha sido constituido en Señor del universo (Flp 2:6-11) - un *escándalo* para los judíos y una *necedad* para los griegos (1Cor 1:18-25).

Es *escándalo* para los judíos porque contradice todas las expectativas que tenían sobre el Mesías, que se lo imaginaban como un enviado glorioso que derrotaría a las fuerzas enemigas a estilo de David o sería un sacerdote magnífico a estilo de Aarón. ¿Cómo pueden decir que *ese individuo* que murió como rebelde en una cruz es el Mesías de Dios? ¿Cómo se atreven a insinuar que Dios ha fracasado en su intento de crear un mundo nuevo? Esto es una blasfemia. Insultan a Dios y al mismo pueblo de Dios, que es un pueblo *santo*.

Es *necedad* para los griegos porque la cruz es el destino maldito de los perdedores, de aquellos que pretenden subir muy alto en la escala social y terminan izados a un madero. Dios es bondad y belleza; Dios es el *motor inmóvil* que hace que el universo funcione armoniosamente ¿Qué tiene de *hermoso* y de *bueno* la cruz? Pensar así es de tontos, de gente ignorante que no sabe nada.

Sin embargo, para Pablo, Cristo crucificado es la sorpresa que Dios se ha guardado para que no haya más esclavos ni amos: *Cristo, fuerza y sabiduría de Dios*. La piedra rechazada por los constructores se ha convertido en la piedra clave que sustenta el edificio; el esclavo es constituido en Señor. Pablo se pone a su servicio para proclamar por el mundo entero la *buena nueva*, la gran noticia de lo que Dios acababa de hacer: Jesús, el esclavo crucificado, es *el Señor*.

Pablo Libre

Así como hemos tenido cuidado en explicar la palabra *esclavo*, hay que aclarar también la palabra *libre*. Hablamos mucho de libertad. Desde hace más de doscientos años los filósofos han identificado la palabra *libertad* con autonomía personal. Libre es el que se mueve por sus propios motivos y persigue sus propios intereses, con la menor interferencia posible desde afuera. Casi todas las naciones modernas han surgido de *guerras de independencia* respecto a otros poderes. Hoy día tenemos dificultad en distinguir entre libertad y libertinaje, entre tener dominio sobre uno mismo y ser esclavo de pasiones y drogas. Sin embargo estamos más regularizados que nunca y más vigilados que nunca. Nos volvemos *máquinas* en el trabajo y fuera de él. El ser humano se siente vacío y dirigido por los medios de comunicación. De todas maneras tenemos que decirnos unos a otros que somos libres.

Para Pablo no existe esta libertad basada en la autonomía. Somos esclavos, porque vivimos bajo un poder u otro. Cuando nacemos, ya pertenecemos a un reino, presidido por *el señor Pecado* y *la señora Carne*, que viven como reyes soberanos dentro de nosotros y nos empujan a cometer pecados. Precisamente Cristo muere para sacarnos del dominio del Pecado. Cristo nos ha *rescatado, comprado y liberado* (redención); estábamos condenados en juicio ante Dios y ha hecho que nos dieran una carta de libertad (justificación); éramos enemigos de Dios y nos ha devuelto a la comunidad para que tengamos los privilegios de hijos (reconciliación).

Por el bautismo, dejamos de pertenecer al reino del Pecado, para insertarnos en el reino de Cristo, que está mantenido por el Espíritu Santo. Desde dentro el Espíritu reina haciendo que produzcamos buenos frutos. Pero eso quiere decir que pertenecemos a Cristo, porque él nos ha comprado con su sangre. En el decir de Pablo, somos sus *esclavos*.

Pablo es muy consciente de que está hablando tanto a personas que son esclavos en la sociedad como a otros que son propietarios de esclavos. A los dos grupos les dice que ya no hay más *distinción* entre esclavos y libres (Gal 3:28), pues todos son esclavos de Cristo. Pero Pablo no propugna una revolución social, ya que espera que las estructuras de este mundo desaparezcan pronto; tienen los días contados, pues la venida de Cristo está a la vuelta de la esquina. Lo importante para Pablo es la conexión con Cristo. Pero, aún en este tiempo provisional que queda hasta la venida de Cristo, es bueno que los amos cambien de actitud, pues la fe se tiene que notar ahora mismo: a Filemón, propietario del esclavo Onésimo, le pide que lo reciba de vuelta como *hermano querido* (Flm 16).

Esclavo de Cristo

Hay una esclavitud a los *elementos* que rigen el mundo. Hay también una esclavitud a la Ley de Moisés, en el sentido de normas que separan a los judíos de los gentiles, que se concretiza sobre todo en la práctica de la circuncisión. Cristo libera de estas dos esclavitudes. Pero lo hace *comprando*. Por tanto, todo cristiano es *esclavo* de Cristo, en el sentido de que ha sido sacado de la esclavitud del reino del Pecado, para introducirlos en el reino del Espíritu. *Han sido comprados a buen precio; no se hagan esclavos de hombres* (1Cor 7:23). Ya no es la ley estatal la que decide la existencia de un cristiano, sino su pertenencia a Jesús: Lo que Cristo, el Señor, exige es *esclavizarse unos de otros por amor* (Gal 5:13). Por tanto somos libres, no para seguir los deseos egoístas, sino para servir a los demás. En eso consiste la esclavitud de Cristo: libres para servir.

Además Pablo es *esclavo* de Cristo en un sentido especial: ha recibido una misión de parte de su Señor. Esto coloca a Pablo en línea con las grandes figuras bíblicas: Abraham, Moisés, David, y los profetas.

Pablo ha sido *marcado* como los esclavos. También él lleva escrito sobre su piel a quien pertenece. Las marcas que lleva Pablo en su cuerpo no son un tatuaje pintado, sino las heridas que ha recibido en servicio al Crucificado (Gal 6:17). Las cicatrices bien visibles que Pablo lleva en su cuerpo son la letra con que se ha escrito una proclama cuyo mensaje todos pueden ver: Cristo crucificado, Señor del universo (Gal 3:1). Pero estas marcas son también un aviso: el que interfiera con la misión encomendada a Pablo se las tendrá que ver con su *amo*, con el mismo Jesucristo.

El esclavo trabaja por obligación. Pablo, hablando como miembro de un equipo pastoral, se siente *forzado* a trabajar por Cristo. En 2Cor 2:14-16 Pablo se imagina la entrada majestuosa de un héroe que vuelve triunfador de la guerra y que es recibido en la ciudad en medio del aplauso de las multitudes; el héroe es precedido por una caravana de prisioneros de guerra. Así es como se ve Pablo, un prisionero que va *siempre* y *por todas partes* cantando las alabanzas de su conquistador, Jesús. Durante el desfile se queman incienso y perfumes y su olor se esparce por todas partes: Pablo está destinado a los demás; es paseado por todas partes y difunde el buen olor del conocimiento de Cristo.

Pablo se siente *forzado* como esclavo a proclamar el mensaje del evangelio. No puede hacer otra cosa. Para él es una *necesidad*, no algo que hace voluntariamente y que puede abandonar a su gusto: *¡Ay de mí, si no evangelizo!* (1Cor 9:16-17). Pablo tiene derecho, como cualquier otro apóstol a ser mantenido y a ser acompañado por una esposa (1Cor 9:4-6). Pero, voluntariamente renuncia a sus derechos *para no poner un corte al evangelio de Cristo* (1Cor 9:12). Se liberaliza de todo, precisamente para esclavizarse a todos y poder así ganar a los más que pueda para Cristo (1Cor 9:19). Disciplina su cuerpo como si fuera un esclavo, *no sea que, después de predicar a otros, quede descalificado* (1Cor 9:27). Pablo tiene que ejercitarse bien, para no quedarse fuera. Pero deja bien claro, que el único Señor que reconoce es Jesucristo. Ninguna otra persona puede ser su amo, ni ninguna otra causa merece su total dedicación. Esto le da la libertad de no llamar *señor* a nadie más, ni siquiera a la gente a la que él sirve: *esclavos de ustedes por Jesús* (2Cor 4:5).

El que dice que se pertenece a sí mismo se engaña, pues no se da cuenta de que ha sido colocado en un reino y está obedeciendo a un señor que lleva dentro. Pablo se siente libre, porque reconoce su situación y es consciente de lo que Jesús ha hecho por él. Al salir del reino del Pecado y aceptar a Jesús como el Señor se independiza de todos los demás pretendientes a señores, como el emperador, los gobiernos, su raza, incluso sus propios deseos. Entonces, libre y guiado por el Espíritu Santo, puede dedicarse a los demás y hacerse su esclavo, pero dejando bien claro que lo hace por amor a Jesús – no porque los demás tengan ningún derecho sobre él o se hayan convertido en sus amos.

PABLO, APÓSTOL

Mirando hacia adentro, a su relación con Cristo, Pablo es un *esclavo*. Mirando hacia afuera, de cara a la gente, Pablo es un *apóstol*, un representante de Cristo ante los demás.

En la cultura griega la palabra *apóstol* se refería a una flota de barcos, o a un grupo de personas que eran enviadas a colonizar un lugar. También podía designar un certificado dando permiso para viajar o nombrando a una persona como enviada en nombre de otro. A pesar de su poco y variado uso, los cristianos usaron la palabra *apóstol* para designar al mensajero con autoridad. Ya en la Biblia Hebrea aparece la figura del *enviado*, que representa a otro más importante que él y que goza de la misma autoridad del que envía. Así es como lo entendió Pablo.

Las primeras comunidades cristianas llamaban apóstoles a dos clases de personas: en un sentido general designaban al mensajero enviado por una comunidad, un representante o misionero, que actuaba en nombre de la comunidad; en un sentido más estricto se decía de aquellos discípulos que habían tenido un encuentro con Jesús resucitado, como los Doce Apóstoles, Santiago y muchos otros (1Cor 15:5-7).

Pablo se considera apóstol en sentido estricto. Así se lo dice a los cristianos de Roma (Rm 1:1-7). Ha *visto* a Jesús resucitado y ha sido *llamado* y *separado* para el servicio del evangelio. Es decir, ha sido designado por Jesús Resucitado no sólo para ser miembro de la comunidad cristiana, sino para ser el representante y mensajero del Mesías ante el mundo entero.

Muchos cristianos estaban dispuestos a reconocer a Pablo como apóstol en el sentido de mensajero enviado por una comunidad o delegado de los líderes de Jerusalén, pero se resistían a aceptar que Pablo fuera uno de los apóstoles en sentido estricto, al mismo nivel de los Doce Apóstoles, porque Pablo no conoció a Jesús antes de su muerte, cuando caminaba por Palestina. Pedro y los otros apóstoles oyeron las palabras de Jesús directamente de su boca, vieron sus obras maravillosas, comieron con él y caminaron a su lado. Pablo no tuvo esa dicha.

Además, su pasado de perseguidor de la Iglesia lo desautorizaba como representante auténtico de la fe cristiana. Tenía sangre en sus manos -y sangre de cristianos ¿cómo se atrevía ahora a hablar como enviado de Jesús?

Mas aún, ante sus ojos, Pablo era una persona arrogante que había fundado comunidades cristianas con personas gentiles que se saltaban las costumbres tradicionales aceptadas generalmente en otras comunidades. Por tanto Pablo no estaba a la altura de los otros apóstoles.

Incluso, físicamente, Pablo no se podía comparar a los otros apóstoles – era poca cosa, *débil* (2Cor 10:10). Ni tampoco espiritualmente, pues no mostraba tener carismas llamativos como otras personas muy agraciadas, que hablaban en lenguas, hacían curaciones, o tenían visiones de cosas celestiales. Más aún, había quien decía que ni siquiera sabía predicar bien.

Finalmente, Pablo fomentaba su propio orgullo al no aceptar con humildad el sustento que le ofrecía la comunidad, como hacían los otros apóstoles, que aceptaban donaciones de parte de los cristianos. Pablo prefería trabajar con sus propias manos y no someterse a la disciplina comunitaria.

Pablo se defiende apelando a *la voluntad de Dios*. El no ha buscado ser apóstol ni se ha presentado voluntariamente a la comunidad para ser enviado como misionero. Ha sido Dios quien lo ha designado. Ha sido el mismo Jesús resucitado quien lo ha enviado como su *apóstol*. Por tanto, ejerce la autoridad de aquel que lo envía. No lo hace por gusto, sino por obediencia a un mandato de su Señor. Así lo reconocen los mismos apóstoles de Jerusalén, con los que fue a consultar para no trabajar *en vano*.

En cuanto a visiones, Pablo tiene mucho que decir, pero prefiere callarse, ya que no quiere desviarse de la misión que le ha sido encomendada.

Pablo acepta las deficiencias que la gente ve en él, pero tales defectos no niegan su apostolicidad; al revés, la reafirman, porque en la debilidad del apóstol brilla más el poder de Dios. Pablo lleva un *tesoro* en *vasija de barro*.

El apóstol no puede quedarse a nivel del quehacer, de transmitir las palabras de su Señor, de ser un buen predicador, de presidir las celebraciones comunitarias o de resolver las diferencias entre los diversos grupos. No es simplemente un representante jurídico de su Señor. El apóstol conoce a su Señor por dentro, sabe como piensa y como se siente. Se ha con-formado a su Señor, de tal manera que Pablo llega a decir que ya no vive él, sino Cristo en él (Gal 2:20). Precisamente porque se identifica con su Señor, se ha hecho uno con él, puede hacerlo presente. A partir de esta identificación Pablo decide cómo vivir, qué hacer y adónde ir. Escoge el celibato para dedicarse de todo corazón a su Señor y trabaja con sus manos para moverse con la mayor soltura posible. De ahí le viene el sentido de autoridad y de libertad con que actúa: se atreve a abrir campos nuevos sin esperar el mandato de una comunidad particular y se siente responsable de todas las comunidades, no solamente de las que él ha fundado. Así se siente Pablo, como el esclavo apóstol que lleva adelante con la mayor fidelidad posible la misión que le ha encargado su Señor.

PABLO, DIÁCONO

Diácono significa servidor. Por un lado se parece a la palabra *esclavo*, en el sentido de que indica que alguien es mandado para llevar a cabo una tarea, pero la palabra *esclavo* enfatiza la relación de dependencia respecto a un amo, mientras que *diácono* sólo dice que rinde un servicio en nombre de otra persona. Por otro lado, *diácono* se parece a la palabra *apóstol*, en cuanto que los dos son enviados en nombre de otra persona, pero también aquí se da un énfasis distinto: *apóstol* tiene que ver con la autoridad del que envía, mientras que *diácono* enfatiza el carácter de servicio que se presta.

La palabra *diácono*, como la palabra *esclavo*, no tenía valor religioso en la cultura helenista. Simplemente designaba al criado que estaba atento a que no faltara nada en la familia, sobre todo a la hora de comer. También se usaba la palabra *diácono* en el ambiente diplomático para designar a un representante de una persona que ejercía el poder, como si fuera un embajador o un delegado de la autoridad civil.

Pablo explica su vocación con la palabra *diácono*, porque aprendió a ser cristiano en una iglesia doméstica, donde le enseñaron que Jesús se había presentado precisamente como *diácono*: "Yo estoy en medio de ustedes como el que sirve (*diaconando*)" (Lucas 22:27). Jesús es *diácono* en el doble sentido de ser un servidor fiel de Dios y de haber sido enviado por Dios para hacer un servicio en favor de la humanidad. Jesús es muy consciente de que toda su vida es servicio. Pablo no sólo quiere *imitar* a Jesús repitiendo su ejemplo, sirviendo, sino que se *configura* con Jesús, es decir, se convierte en servidor como Jesús mismo lo fue. Si la vida de Jesús es la de un servidor, la vida de Pablo es igualmente la de un servidor (en los escritos paulinos solo hay dos referencias a los diáconos como ministros específicos, Flp 1:1 y 1Tm 3:8-13; todas las demás citas de *diácono* tienen un sentido general: el servidor).

Pablo es enviado como servidor porque Dios ha decidido recomponer la humanidad entera (e incluso toda la creación, según las cartas a los Colosenses y Efesios) y envía a Pablo para que preste un servicio de reconciliación y de proclamación de la Nueva Alianza.

Pablo es diácono de la reconciliación. Los judíos no utilizaban esta clase de palabras para las relaciones con Dios; el vocabulario sobre la reconciliación pertenece al mundo griego y romano. Reconciliación se aplicaba al restablecimiento de las relaciones en la familia, sobre todo cuando había habido una separación o un divorcio en el matrimonio. Se usaba también en el mundo de la política, para hablar de países enemistados que habían decidido hacer un tratado de paz. Pablo es el único de los escritores sagrados que lo aplica a las relaciones entre Dios y nosotros. Éramos pecadores y enemigos, pero Dios nos ha ofrecido la reconciliación en Cristo (Rm 5:10). Precisamente es a Pablo y a los compañeros de su equipo pastoral a quienes se les ha *confiado* este servicio de la reconciliación. Son *embajadores* y sus palabras deben ser recibidas "como si Dios mismo los exhortara por medio de nosotros. Les mandamos en Cristo, déjense reconciliar con Dios" (2Cor 5:20). Pablo actúa en nombre de Cristo y con su autoridad, y exige obediencia.

Además Pablo y su equipo son *colaboradores* (trabajando juntos) con Dios (2Cor 6:1), pues no sólo predican la reconciliación, sino que la efectúan – los que aceptan su mensaje quedan reconciliados. Pablo tiene la esperanza de que los corintios se vuelvan también colaboradores suyos, para que el ministerio de reconciliación que Pablo ha iniciado produzca el fruto debido.

Pablo es diácono de la Nueva Alianza (2Cor 3:6). La sangre de Cristo ha sellado una nueva relación entre Dios y nosotros. Es una relación que consigue una transformación total de las personas. Pablo se siente *apto* para desarrollar este ministerio, porque Dios lo ha capacitado. Hay una gran diferencia entre la Alianza antigua, hecha por Moisés ("la letra mata") y la nueva por medio de Cristo ("el Espíritu da vida"). La Alianza antigua creaba distancia (la gente no podía mirar el rostro de Moisés), mientras que la nueva la elimina (escrita en el corazón), de una *diaconía de muerte* se ha pasado a una *diaconía del Espíritu* (2Cor 3:7-8), que es la que ha sido encargada a Pablo y compañeros.

Pablo es diácono del Evangelio. Jesucristo le encargó proclamar y llevar a cabo la reconciliación con Dios en la nueva alianza y el de reconciliarnos unos con otros en un nuevo pueblo de Dios. La distancia entre Dios y nosotros ha sido eliminada; las murallas entre judíos y gentiles han sido derrumbadas. Ha comenzado la época del señorío de Jesucristo. Toda la vida de Pablo está al servicio de este Evangelio.

PABLO, HERMANO

Pablo aprendió a ser cristiano dentro de una iglesia doméstica. En aquellos tiempos la iglesia doméstica reunía a un grupo de personas, unos 30 individuos como mucho, en una casa grande donde celebraban la eucaristía, oraban, cantaban y compartían comida y enseñanza. No tenían templos, ni organizaciones ministeriales. Simplemente se reunían en las casas y se consideraban como miembros de una familia *grande*, la familia de Dios. No los unían lazos de sangre ni de negocios, sino el Espíritu Santo.

La comunidad cristiana se organizó de acuerdo a la estructura de la familia. Había un patrón (o patrona) que prestaba la casa y que garantizaba el buen orden. Todos eran considerados como hermanos y hermanas, que hacían lo que hiciera falta para que la familia funcionara. Unos enseñaban, otros atendían a los pobres; estaban los que "hablaban lenguas" y los que las interpretaban, etc. En definitiva, todos contribuían a *edificar* la familia de Dios.

A Pablo le gusta la palabra *hermano*. La usa unas setenta y cinco veces en las Siete Cartas principales. Pablo se considera uno más de los creyentes; alguien que, como los demás cristianos, ha pasado del dominio del Pecado al servicio de Cristo y que está a la espera de su venida gloriosa. Todas las diferencias por raza, lengua, sexo y condición social han quedado eliminadas al morir y resucitar en el bautismo. Ahora todos son hermanos y hermanas, miembros de una misma familia.

Lo propio de los hermanos es arrimar el hombro a la obra común de la familia. Pablo usa frecuentemente palabras compuestas de la preposición *con* (incluso se inventa algunas palabras que no existían en el vocabulario común). El encargo que la familia ha recibido es *la obra de Cristo*. Esta labor no se puede realizar en solitario sino que requiere la compañía y la colaboración de otros, a los que Pablo llama co-trabajadores, co-remeros, co-servidores, co-soldados, socios de empresa e incluso co-prisioneros cuando está en la cárcel.

Pablo les da el Evangelio y los que lo acogen se convierten en *hermanos*. Al recibir el Evangelio, los *hermanos* se vuelven evangelizadores, pasan a ser co-laboradores de Pablo en su misión. Se han vuelto *socios de negocio* poniendo no sólo su dinero, sino también su ejemplo y sus acciones en la empresa de la evangelización. Pablo da gracias a Dios porque reconoce que es un hecho que así se comportan los *hermanos*. Se han vuelto co-misioneros, compartiendo todo con Pablo (Flp 1:5,7). Incluso, su encarcelamiento ha servido para que *la mayoría de los hermanos* se dedique con más intensidad a la evangelización (Flp 1:14).

Cuando Pablo no puede estar presente con los *hermanos*, entonces les escribe cartas. Las cartas lo hacen presente; son conversaciones con los hermanos ausentes. Con frecuencia las cartas van dirigidas en nombre de todos los que colaboran con él. Las cartas de Pablo son en realidad mensajes de un equipo pastoral. Con frecuencia utiliza el *nosotros*. Se nota que los pensamientos de las cartas son producto de una discusión entre los miembros del equipo que han llegado a un consenso de cómo comunicar la fe. Cuando no pueden hablar las cosas cara a cara, Pablo y compañeros escriben una carta *franca* a los *hermanos* como si ellos estuvieran allí delante. Las cartas de Pablo están llenas de notas afectuosas, porque siente mucho la separación a que se ve obligado por las circunstancias; los recuerda con cariño y ora por ellos. Aunque está lejos, los lleva tan adentro que les escribe cartas, como *hermano*.

Pablo no escribe cartas a extraños, como si quisiera convertir a los paganos. Tampoco escribe cartas dirigidas a individuos particulares, sino que todas sus cartas deben leerse en público, delante de toda la comunidad. Incluso la carta de Filemón, que parece estar dirigida a un individuo en particular con un tema muy concreto (la liberación de un esclavo), es una carta que se ha de leer delante de todos los hermanos que se reúnen en su casa para hacer oración.

Pablo empieza sus cartas afirmando la fe de los *hermanos*, animándolos a seguir creciendo en la fe en medio de las muchas dificultades que tienen que enfrentar tanto desde fuera de la comunidad (persecuciones, desprecios, etc.) como desde dentro de la misma familia (divisiones, falsos maestros, etc.).

Pablo no quiere darles una lección de teología. Les escribe cartas porque hay asuntos urgentes que la comunidad debe de confrontar. Hay situaciones que corregir, malos entendidos que aclarar o desviaciones que enderezar, pues algunos parecen dispuestos a dar marcha atrás. Han aparecido personas que han venido de fuera, tal vez mensajeros enviados por otras comunidades o individuos que se hacen pasar por apóstoles, que interfieren en el desarrollo normal de la comunidad. Entonces Pablo no tiene miedo en señalar a *los falsos hermanos* y a *los falsos profetas* que trabajan para Satanás.

Para enfrentar una situación conflictiva, Pablo les recuerda la experiencia básica de su conversión haciéndoles revivir las condiciones de la primera proclamación del Evangelio que él les hizo. Entonces sintieron con fuerza el poder del Espíritu que se manifestó al liberarlos de la idolatría y de la vida de vicios que llevaban como paganos. Esa es la trayectoria que hay que afianzar, sin dejarse desviar por las seguridades que otros les quieren ofrecer.

Pablo da pocas recomendaciones concretas; lo que le importa es la falta de entendimiento que refleja el problema suscitado en la comunidad. Una mala práctica refleja una fe deficiente. Por tanto Pablo se empeña en fundamentar lo que dice. Entonces les recuerda la *tradición* básica común a todas las comunidades. Se vuelve a las enseñanzas y al ejemplo de Jesús, tal como lo transmite la Iglesia por medio de sus celebraciones y catequesis. A partir de aquí, Pablo desarrolla temas fundamentales de acuerdo al asunto que están tratando.

A los Tesalonicenses, que todavía no han tenido tiempo para crecer en la fe que Pablo les presentó, les habla de la elección con que Dios los ha agraciado para sacarlos de la situación en que estaban y prepararlos para la venida de Cristo Jesús. Dios los ha liberado de su dependencia de la idolatría y los ha llamado a una nueva vida, en la que se tienen que mantener firmes en medio de todas las dificultades.

A los Filipenses y Corintios les habla de la cruz de Cristo, porque estos cristianos se habían dividido en bandos. Unos se creían superiores, sintiéndose muy *fuertes* en su posición tanto social como comunitaria, ya que estaban agraciados por muchos dones carismáticos y bendecidos por su situación económica e intelectual, mientras que despreciaban a los *débiles* en la fe, que todavía estaban apegados a ideas y actitudes que se suponían superadas por la nueva fe en Cristo, que acaban de recibir.

A los Gálatas y Romanos, Pablo les habla de la libertad adquirida por Jesús que nos justifica ya que delante de Dios todos somos pecadores y todos hemos sido liberados. Se lo dice a una comunidad en que judíos y gentiles estaban enfrentados por el control del grupo.

Pablo desea que, desde esta nueva perspectiva, ganada al profundizar en la fe viva, los *hermanos* puedan encontrar una solución al problema surgido en la comunidad. Al afianzarse en la fe están en posición de corregir los propios errores, de expulsar a los falsos hermanos y de restablecer el orden en la comunidad. Deben hacerlo cuanto antes, porque todos tendremos que dar cuenta ante Cristo, el justo juez. No vaya a darse el caso en que en ese día de juicio, vayan a ser *descalificados*. Entonces cada uno recibirá el premio o castigo merecido.

PABLO, PADRE

"Pues, aunque tengan diez mil guías, sin embargo no tienen muchos padres en Cristo, pues en Cristo Jesús por medio del evangelio yo los engendré" (1Cor 4:15). Hay una diferencia entre el guía o esclavo que lleva de la mano al niño a la escuela y el padre que lo trajo a la vida. Así es como se siente Pablo en relación con las comunidades que él fundó y también con ciertos individuos, como Onésimo, Timoteo y Tito. Pablo es el padre que les dio vida de cara a la fe. Pueden venir muchos maestros, tal vez personas más brillantes que Pablo, pero ninguno podrá ser lo que es Pablo para ellos: el padre que los engendró a la fe. La comunidad puede hallar muchos guías, pero no podrá encontrar mas que a un padre, que es Pablo.

Pablo los ha engendrado *con dolores de parto*, como si fuera una madre. Pablo nunca habla del simple hecho de nacer, sino del proceso de dar a luz. Dios también introduce los nuevos tiempos con *dolores de parto* (1Tes 5:3). Si los Gálatas persisten en ir por otros caminos, Pablo tendrá que sufrir *de nuevo* los dolores de parto (Gal 4:19), hasta lograr que todos adquieran la forma de Cristo. Así como un embrión va adquiriendo la forma humana y un bebé va creciendo hasta tomar la forma de una mujer o de un varón, de la misma manera los cristianos tienen que desarrollarse hasta tomar la forma de Cristo (Flp 3:10).

Así Pablo se siente padre y madre a la vez. A los Tesalonicenses les dice que podía haberse acercado a ellos con la autoridad que tiene como apóstol, sin embargo ha preferido hacerlo como una mujer que amamanta a sus pequeños. Pablo está tan encariñado con ellos, que no les predica simplemente la Palabra de Dios, sino que, como una madre da de su propia leche a sus hijos, así Pablo se da también a los Tesalonicenses (1Tes 2:7-8). El trabajo pastoral ya no es simplemente predicar y enseñar la Palabra de Dios, sino darse uno mismo.

A los Corintios Pablo les recuerda el cuidado maternal que tiene al amamantarlos con leche, porque todavía están muy pequeños para recibir alimento sólido (1Cor 3:1-3). De cara a la fe son unos bebés que no están en condiciones de asimilar todas las exigencias del seguimiento de Jesús. Por eso, Pablo tiene que proceder paso a paso, hasta que llegue el día en que puedan caminar por sí solos.

Pablo lleva a sus hijos en el corazón y se *desgasta* por ellos. Como buen padre que es, los *visita.* No quiere ser una carga para ellos, pues lo natural es que los padres provean por sus hijos, ni tampoco busca su dinero, sino que los quiere a ellos mismos. Por eso espera que sus hijos sepan también corresponder en amor (2Cor 12:14-15) y que sepan defenderlo, como hijos de un buen padre, cuando los intrusos invaden la comunidad. Pablo les abre el corazón, pero, a veces, los hijos se muestran esquivos. Por eso les grita, como un padre a sus hijos: Ensanchen su corazón (2Cor 6:13), *¡Hágannos sitio!* (2Cor 7:2).

Ser *padre* es mucho más que simplemente engendrar hijos. Hay que ayudarles a crecer y hay que educarlos. Por eso Pablo se siente responsable del desarrollo de su fe. Cuando Pablo se presenta ante una comunidad lo hace como padre que quiere exhortar, animar y convertir en testigos del Reino a *sus hijos* (1Tes 2:10-12). Cuando no halla una buena respuesta, Pablo les llama la atención, aunque su intención no es la de avergonzarlos, *sino la de instruirlos como hijos queridos* (1Cor 4:14). A veces los avergüenza con toda intención, como cuando les dice: ¿No hay entre ustedes uno que sepa mediar en las disputas entre los hermanos sin tener que recurrir a un juez pagano? ¿No sería mejor sufrir la injusticia, como lo hizo Jesús? (1Cor 6:5-6).

Cuando tiene que corregir, siempre lo hace con amor de padre, nunca bajo la autoridad de apóstol: *¿Qué quieren? ¿Qué vaya a ustedes con palo en la mano, o con amor y espíritu de mansedumbre?* (1Cor 4:21). Pablo prefiere el método de la persuasión e invitación, poniéndose él por delante. Pues los hijos se deben parecer a su padre: *Les pido, por tanto, que lleguen a ser imitadores míos* (1Cor 4:16). No se trata de que los hijos repitan lo que hace el padre, sino de que adquieran la forma de Cristo que Pablo ya ha adquirido. *Sean imitadores míos como yo soy de Cristo* (1Cor 11:1). Los hijos deben reflejar a su padre, que les presenta la cara auténtica de Cristo.

Sus *hijos*, que acaban de recibir la nueva fe, no sólo han oído la predicación de Pablo sobre Jesús, sino que han *visto* en Pablo lo que significa creer en el Crucificado y Resucitado. Por tanto, tienen delante un buen modelo de cómo con-formarse a Cristo. Esto es lo que les ofrece Pablo: no sólo una enseñanza, sino un modelo en quien fijarse para poder imaginarse lo que significa vivir en Cristo. De ahí que, cuando los Tesalonicenses sufren persecuciones y se mantienen firmes en la fe, ya están imitando el ejemplo de Pablo (1Tes 1:6).

Como padre, fundador de una comunidad, tiene la obligación (y el derecho) a estar pendiente de su desarrollo, aunque no esté presente. Más aún, se siente como un padre *celoso* en el día de bodas cuando tiene que presentar a su hija al novio. En este caso la novia es la comunidad de Corinto, el novio es Cristo mismo y el padre de la novia es Pablo (2Cor 11:2).

Ya que Pablo no puede ir en persona a hablar con *sus hijos*, entonces les envía a Timoteo, *mi hijo querido* (1Cor 4:17), vivo retrato de *su padre*. Timoteo acogió el evangelio predicado por Pablo, imitó su ejemplo y colabora con él en la misión a los gentiles, como *un hijo con su padre, se ha esclavizado conmigo por el Evangelio* (Flp 2:22). Timoteo no es sólo un buen colaborador, miembro del equipo pastoral de Pablo, sino que ha seguido su ejemplo en hacerse *esclavo* y ha dedicado toda su vida al Evangelio. De esta manera pasa el evangelio de una generación a otra, de padre a hijo.

Lo que se dice de Timoteo, se puede decir de toda la comunidad. Una vez que haya aprendido de Pablo, su padre, y de Timoteo, su hijo colaborador, a conformarse a Cristo, entonces está en posición de convertirse en modelo para otras comunidades. De ser imitadores de los misioneros que les llevaron el Evangelio, los Tesalonicenses se han convertido en ejemplos a imitar por otros: Acogieron el evangelio de Pablo y ellos mismos se hicieron cargo de que el evangelio *tronara* por toda la región (1Tes 1:7-10).

Evangelizar es pasar la Palabra de Dios de una generación a otra, de una región a otra. Se hace por contagio, como el amor del padre que engendra y educa a un hijo, que se vuelve colaborador en la misión de su padre. Así es como ha crecido la Iglesia a lo largo de los siglos.

PABLO, PASTOR

Pablo nunca se da a sí mismo el título de *pastor*. No lo necesita, porque Pablo ya se ha presentado como *hermano,* que comparte los gozos y sufrimientos de la familia, y como *padre,* que cuida de sus hijos. Así es como Pablo quiere relacionarse con los demás cristianos. Sin embargo, nadie duda usando nuestro vocabulario de que Pablo fuera un *buen pastor*, incluso un modelo para todos los *pastores*.

De nuevo en tono polémico, Pablo confronta a la comunidad de Corinto por haber permitido la entrada de unos intrusos que se hacen pasar por *diáconos de Cristo*. Aunque reconoce que está diciendo una *tontería*, pero para que quede todo bien claro, Pablo opina que si se trata de méritos personales, él tiene mucho que decir y, comparándose con los intrusos, puede presumir, *yo más que ellos*: "En trabajos duros mucho más, en prisiones mucho más, en palizas mucho más fuertes, en peligros de muerte muchas más veces" (2Cor 11:23). Después continúa con una larga lista de sufrimientos, causados tanto por judíos como por romanos: azotado hasta el límite de la ley cinco veces, una vez apedreado, tres veces naufragado, hambre, frío, desnudez… una lista interminable de miserias, para concluir: "Además de todo eso, la presión de cada día, la atención a todas las iglesias" (2Cor 11:28). Y se explica: "¿Quién se debilita y no me debilito? ¿Quién es inducido a pecar, y yo no ardo?" (2Cor 11:29). No lo dice por vanagloria, pues Pablo bien sabe que sólo puede enorgullecerse de sus propias debilidades, sino para dejar bien clara su actitud: Se hace todo por todos como un buen pastor.

Pablo vive pendiente de las comunidades. Se desvive por sus ovejas y está al tanto de todo lo que pasa. Dado el poco tiempo que puede dedicar a cada comunidad al verse forzado a salir corriendo, no tiene la oportunidad de sembrar la fe con calma. Así los cristianos, recién admitidos en la comunidad, con una fe sin raíces y con las grandes dificultades que la sociedad les crea, están tentados de dar marcha atrás y de volver a su condición antigua. Pablo teme que sus esfuerzos hayan sido *en vano* (1Tes 3:5). De ahí que se esfuerce a *correr* con la intensidad de un atleta y se *esfuerce* con el empeño de los buenos trabajadores (Flp 2:16). Incluso acude a consultar con los líderes de Jerusalén, para no misionar *en vano* (Gal 2:2).

Continuamente Pablo recibe informes sobre la situación de cada comunidad y ofrece soluciones prácticas, bien fundamentadas. Sobre todo, alimenta a los hermanos con la Palabra de Dios. Simpatiza con los débiles y corrige a los fuertes. Sufre con los despreciados y se goza con los contentos. Pablo salta de alegría cuando ve los resultados positivos. La comunidad sabe sobreponerse a las dificultades y Pablo reconoce que los esfuerzos han valido la pena. "Ahora vivimos de nuevo, ya que ustedes se mantienen firmes en el Señor" (1Tes 3:2-3).

Cuando Pablo se presenta ante la comunidad, lo hace con mucho cuidado, de una manera respetuosa, con *temor y mucho temblor* (1Cor 2:3) ya que es consciente de la importancia de su misión y de la insuficiencia de su persona.

Con esa misma actitud acoge la comunidad de Corinto a Tito, el miembro del equipo de Pablo: no fue con arrogancia, sino con *obediencia* al mensaje que presentó (2Cor 7:15). Con esa misma actitud de *temor y temblor*, los Filipenses han de trabajar su salvación: obediencia al Evangelio tanto si Pablo está presente como si está ausente (Flp 2:12).

Cuando está lejos de una comunidad, Pablo está bien informado, porque recibe reportes de muchas partes. Si la comunidad es pasiva y no toma las medidas oportunas, Pablo se hace presente *en espíritu* y empuja a la comunidad a tomar las medidas necesarias (1Cor 5:3). Pues, les dice a los Corintios, sus asambleas no contribuyen al bien, sino al mal (1Cor 11:17), ya que los ricos se reúnen por su lado y los pobres van por otro, en lugar de ponerlo todo junto para la Eucaristía. Eso va contra el Espíritu de Cristo.

Aunque la situación requiera una intervención fuerte por parte de Pablo, como en el caso de los corintios, él no quiere *imponerse* (señorear, intervenir oficialmente con la autoridad de un apóstol), sino que desea presentarse como *colaborador* (co-trabajador) de su *alegría* (2Cor 1:24). Por eso está dispuesto a retrasar su visita para no aumentar su tristeza. Los corintios son la alegría de Pablo, entonces si los entristece, también Pablo se entristecerá; no podrá encontrar alegría, pues tal es su unión con ellos. No hay alegría en Pablo, si la comunidad está triste (2Cor 2:2).

La Iglesia ha recibido la misión de proclamar el señorío de Cristo en el mundo y de convocar al nuevo pueblo del Mesías. Entonces Pablo quiere que las comunidades brillen de tal manera que nadie pueda tener una excusa para oponerse a la misión que les ha sido confiada. Dos temas le preocupan a Pablo para que nadie ponga obstáculos a la proclamación del señorío de Cristo: la unidad y el orden.

Las comunidades están recién creadas y su cohesión es frágil. Con facilidad caen en divisiones internas: están *los fuertes*, que se creen liberados de las ataduras al mundo antiguo y que les está permitido hacer todo, y *los débiles*, que se escandalizan de algunos comportamientos que echan abajo las normas de comportamiento comunitario bien establecidas. Están los que quieren guardar lo más valioso de las tradiciones judías y los que nunca conocieron las tradiciones religiosas. Están los líderes locales, instruidos por Pablo, y los que se dejan guiar por visitantes intrusos, que traen otras ideas. Pero Pablo lo sabe muy bien: Para ser testigos creíbles, hay que mantenerse unidos. Los huesos rotos o dislocados han de estar bien cosidos para que la persona pueda caminar; así en la comunidad todos deben *decir lo mismo*, evitar toda división y conservarse unida *en un mismo pensar y en un mismo propósito* para que de esta manera estén en disposición de dar un buen testimonio (1Cor 1:10). Esto lo exige Pablo *en nombre de nuestro Señor Jesucristo* – la motivación más poderosa que Pablo puede dar, una razón que está por encima de todas las diferencias, ya sean por las razas, culturas o clases sociales a las que pertenecen los corintios, y por encima de las diversas iglesias domésticas existentes en la misma ciudad.

La unidad no es simplemente funcional – una buena organización con un buen cuadro de líderes, sino que está basada en la experiencia común de imitar a Cristo, que voluntariamente se *abajó*, puesto que lo que destruye a una comunidad es la mentalidad de superioridad que lleva a la vanagloria y a la rivalidad, dividiendo a la comunidad en partidos y despreciando a los más débiles. La unidad se produce cuando nos preocupamos por los demás antes que por nosotros mismos (Flp 2:1-4).

Los corintios se han de fijar tanto en Pablo como en Apolo. Los dos son simples trabajadores que cultivan el campo de Dios y que edifican la casa de Dios. Campo y casa de Dios son *ustedes*, los miembros de la comunidad cristiana, que Dios cuida. Los dos son *uno*, que trabajan para el mismo Señor, que es en realidad quien hace que la planta crezca y que el edificio se levante. Este es el ejemplo que los corintios deben seguir, en lugar de crear divisiones porque unos se sientan más agraciados que otros.

La comunidad tiene que tener también orden, pues ha de reflejar la creación por la que Dios puso cada cosa en su propio sitio. Por eso los exaltados con los dones de lenguas se deben moderar y las costumbres sobre el comportamiento de hombres y mujeres en público se deben guardar (1Cor 14:26-36), aunque Pablo se da cuenta de que sus razonamientos no van muy lejos. Pero está muy claro de que por el bautismo todos somos hijos de Dios, que no hay ya judío ni griego, hombre ni mujer, esclavo ni libre. Pero eso no quiere decir que todos hagan lo mismo en la comunidad. Los hombres deben ser hombres y vestirse como hombres; las mujeres deben ser mujeres y vestirse como mujeres. Hay cosas que se pueden hablar en la reunión comunitaria y otras que hay que dejarlas para tratarlas en la privacidad de la casa. Si la comunidad no guarda el orden, retorna a la situación de caos que existía en el momento primero de la creación cuando todo era confusión. Dios creó poniendo orden, separando las cosas y colocándolas cada una en su lugar apropiado. Así tiene que ser también en la asamblea cristiana, fiel reflejo de cómo Dios actúa. En definitiva, *que todo se haga apropiadamente y con orden* (1Cor 14:40).

En tiempos de Pablo se pasa de las iglesias domésticas que se desenvuelven alrededor de una familia a las iglesias que abarcan toda una ciudad. Todavía se reúnen en casas particulares, pero tienen que superar las estructuras familiares ya que ahora son muchos los cristianos que viven en una misma ciudad. Pablo no da gran importancia a los "ministerios instituidos", sino que insiste en los dones que el Espíritu Santo otorga a cada persona para la *edificación* de la comunidad. Todos ellos pertenecen al mismo cuerpo de Cristo. Es un cuerpo con una gran diversidad de carismas. De ahí el peligro de la confusión y del desorden, al competir para ver quién tiene más y mejores "dones espirituales".

Para Pablo los ministerios de la Palabra tienen prioridad (apóstoles, misioneros, profetas, maestros, etc.) porque éste es el tiempo de la proclamación del señorío de Jesús. Los ministerios de gobierno no son tan importantes porque Cristo no va a tardar mucho en hacer su *visita*. Los discípulos de Pablo de la generación siguiente pensarán de otra manera: la venida de Cristo se *retrasa* y hace falta asegurar bien la Tradición mediante ministerios de gobierno reconocidos y bien fundamentados (Cartas Pastorales).

Pablo, de camino a Jerusalén, anticipando ya que no tendrá más oportunidades de dirigirse a las comunidades de Efeso, llama a los responsables y les recuerda que han sido puestos por el Espíritu Santo como vigilantes y guardianes de la Iglesia de Dios, adquirida con la sangre de su propio Hijo. Por tanto deben portarse como buenos pastores que están pendientes de sus ovejas (Hechos 20:28). Es la recomendación final de Pablo.

PABLO, SACERDOTE

Pablo no se dio el título de *pastor* ni tampoco el de *sacerdote*. Sin embargo, todo el mundo está de acuerdo en que Pablo fue no sólo un "buen pastor" sino un modelo para todos los pastores. ¿Se puede decir lo mismo de la palabra *sacerdote*?

Pablo se hubiera sorprendido si alguien lo llamara *sacerdote*. En aquellos tiempos la palabra *sacerdote* estaba reservada para la persona que ofrecía sacrificios, ya fuera en el Templo de Jerusalén o en los templos paganos de las ciudades romanas. Pablo nunca ejerció como funcionario de ningún templo. Al contrario, su vida fue la de un trotamundos en continuo movimiento. Además, desde un punto de vista judío, ni siquiera cualificaba para ser considerado como sacerdote, porque Pablo era miembro de la tribu de Benjamín, y solamente los pertenecientes a la tribu de Leví podían tener acceso al servicio en el Templo. Pablo acude al Templo, como lo hacía cualquier otro judío laico, para cumplir sus promesas.

El caso de Jesús es parecido. Tampoco Jesús pertenecía a la tribu de Leví, ni ofició en el Templo ofreciendo sacrificios. Sin embargo, la comunidad cristiana lo llama *Sumo Sacerdote*. ¿Por qué? Según la Carta a los Hebreos Jesús había conseguido lo que el sumo sacerdote levítico trataba de hacer y no podía obtener: el acceso a Dios Padre, entrando en el interior del santuario celestial. El sumo sacerdote judío sólo podía entrar en el interior de un templo material y presentarse ante Dios por un momento, después de pasar por un proceso de muchas purificaciones. No es éste el caso de Jesús. Por una parte, Jesús es el Hijo de Dios, el enviado por el Padre; por otra, es hombre como todos los demás, el hijo de María. En su persona se unen los dos extremos: Dios y hombre. Jesús es enviado por el Padre para efectuar la reconciliación. Jesús la lleva a cabo, no sacrificando animales, sino ofreciéndose a sí mismo en la cruz, en perfecta obediencia a la voluntad del Padre; penetra en los cielos y se queda de manera permanente al lado del Padre, abriendo así un camino para todos sus seguidores e intercediendo por nosotros. Por eso los cristianos llaman a Jesús sumo sacerdote con toda razón.

Esta es una nueva manera de entender la palabra *sacerdote*: ya no designa al que sacrifica en el templo, sino al enviado por el Padre para efectuar la reconciliación. Ya no ofrece animales sino que se ofrece a sí mismo; ya no es el que se aleja del pueblo recogiéndose en el templo, sino el que procede con misericordia identificándose con los *hermanos*. Por tanto, no hay más que un sacerdote, Cristo Jesús. Este Jesús es el enviado del Padre para que lleve adelante la misión de redimir el mundo. Esta es la manera cristiana de entender la palabra *sacerdote*. Entonces nuestra pregunta es si Pablo es sacerdote de la misma manera que decimos que Jesús fue sacerdote, si Cristo sacerdote se hace presente en la persona de Pablo, si Pablo es signo vivo de Cristo Sacerdote. Así como el Padre envía a Jesús y Jesús envía a los apóstoles en misión ¿es Pablo también un enviado para llevar adelante la misión que le encarga Jesús?

Pablo sabe muy bien que con Cristo ha comenzado una nueva manera de relacionarse con Dios; ahora *damos culto por el Espíritu de Dios* (Flp 3:3). Si los judíos estaban capacitados para dar culto a Dios por el hecho de la circuncisión, los cristianos están en disposición de dar culto a Dios por haber sido marcados por el Espíritu Santo en el bautismo. Por tanto, hay un culto que se da en el Templo de Jerusalén, para el que se necesita estar circuncidado. Hay otra manera de dar culto a Dios, para el que se necesita haber renacido en el bautismo y ser consagrado por el Espíritu Santo. Esta es la condición de los cristianos.

Entonces, una vez que han recibido el bautismo, los cristianos han de ofrecer, no animales que sean sustitutos de las personas, sino sus propios *cuerpos* (es decir a sí mismos en cuanto forman parte del mundo material) como *sacrificio vivo, santo y agradable a Dios*, pues éste es *el culto espiritual* con que Dios quiere ser adorado (Rm 12:1).

Si la manera de culto ha cambiado, la manera de entender el sacerdocio también ha cambiado. Pablo se reconoce como esclavo y apóstol, pero con una misión especial. Para eso ha sido *separado* (Rm 1:1) del resto de la comunidad, como antiguamente se hacía con los profetas y los sacerdotes judíos. Se le separa porque se le da una misión especial en relación con *el evangelio de Dios*. Pablo queda dedicado al ministerio de la Palabra de Dios.

El Espíritu Santo *separa* a Pablo no para que ejerza una función en el Templo, sino para que vaya por las ciudades y *trabaje* en medio de la gente (Hechos 13:2). Este trabajo misional es el culto que Pablo rinde a Dios de todo corazón, anunciando *el evangelio de su Hijo*, al mismo tiempo que recuerda a los romanos ante Dios (Rm 1:9). Esta es la función *sacerdotal* que ejerce Pablo.

Por una parte, su sacerdocio es un servicio del Evangelio, que no es simplemente una exposición de ideas, sino la fuerza de Dios que cambia las vidas de los que lo reciben ejercida por la mediación del misionero - *nuestro evangelio* (1Tes 1:5). Es poder divino que desciende; un poder tan grande que transforma a las personas: *fuerza de Dios para la salvación de todo el que cree* (Rm 1:16).

Por otra parte, Pablo da *gracias a mi Dios por ustedes.* Es plegaria que asciende. Y lo hace *mediante Jesucristo* (Rm 1:8), que ejerce su *sacerdocio* en el templo celestial. Pablo hace presente a Jesucristo, el eterno sacerdote, con su predicación (Palabra de Dios que desciende) y su plegaria (oración por la comunidad que asciende). Esto es lo que llamamos sacerdocio en términos cristianos.

Pablo se ve como sacerdote, pero no como los del Templo, sino como signo de Jesucristo. El ha recibido una gracia especial por parte de Dios, la de ser ministro de Jesucristo, llevando el evangelio de Dios a los gentiles y ejerciendo una función sacerdotal, la de ofrecer a los propios gentiles como ofrenda aceptable a Dios, ya que dicha ofrenda ha sido santificada por el Espíritu Santo (Rm 15:15-16). Pablo se compara al sacerdote del Templo. La diferencia está en que Pablo no ofrece animales, sino que presenta a personas -aquellos que han acogido el Evangelio.

Pablo es muy consciente de que todo esto no es consecuencia de su ingenio ni de su propio esfuerzo, sino que es “lo que Cristo ha realizado por medio de mí, para la obediencia de los gentiles, de palabra y de hecho” (Rm 15:18). Cristo, sumo sacerdote, actúa en Pablo, su representante, para beneficio de todo su pueblo.

Pablo no sólo se ve como sacerdote que hace presente a Cristo en su ofrenda de las naciones gentiles a las que ha evangelizado, sino que se ve a sí mismo también como ofrenda. Se solidariza con los filipenses en su esfuerzo por vivir la fe en un ambiente opresivo. Pablo también se ofrece como el agua que se derramaba alrededor del altar cuando se hacían los sacrificios. Pablo también hace un *servicio de la fe de ustedes*. Toda la vida de Pablo es sacrificio, ofrenda a Dios, porque así también fue la vida de Jesús. Entonces su alegría es completa. Se alegra y se *co-alegra* con todos los filipenses (Flp 2:17).

Pablo es padre y hermano, sacerdote y víctima. Ofrece y suplica como sacerdote; se solidariza con los demás en presentarse como sacrificio. Siglos más tarde San Agustín, en circunstancias muy distintas, repetirá algo parecido: *Obispo para ustedes, cristiano con ustedes.*

PABLO, VASIJA DE BARRO

Pablo vivió en un tiempo en que el emperador romano se vanagloriaba de la gran obra con que beneficiaba al mundo, la Paz Romana. Era una paz ganada en los campos de batalla con gran derramamiento de sangre. Roma se podía sentir orgullosa de la gloria que había adquirido con sus grandes proezas. El bienestar se había extendido por todo el mundo. La paz había traído abundantes bienes a todos los pueblos del imperio romano.

Para Pablo el emperador se había quedado muy corto. Pablo esperaba una nueva creación, lograda por otro Señor, enviado por Dios, que no derramaba sangre ajena, sino que ofrecía la suya propia y que no se imponía por la fuerza sino por el amor manifestado en una cruz.

Con-crucificado

En el llamado vocacional, Dios le había revelado a Pablo a su Hijo Jesús resucitado. El Crucificado estaba al lado de Dios Padre. Desde esta perspectiva la cruz cambia de significado. El mundo mata con la cruz y Dios da vida en la cruz. La cruz ya no es signo de maldición, sino de bendición. La cruz, como el acto definitivo de Dios, divide la historia universal en dos partes: antes y después de Jesús. También la vida de cualquier ser humano se entiende desde dos perspectivas: vivir de espaldas a la cruz o ser con-crucificado con Cristo.

Pablo es un con-crucificado (Gal 2:19). Por el bautismo quedó identificado con Cristo, tanto en su muerte como en su resurrección. Ahora ha adquirido la forma de Cristo. Toda su persona ha quedado penetrada por la energía de Cristo, hasta el punto de decir que no soy yo, sino que es Cristo quien vive en mí (Gal 2:20).

Por tanto, Pablo ve una alternativa clara: vivir de acuerdo a los criterios de la sociedad o vivir de acuerdo al Espíritu de Cristo que lleva dentro. La decisión que toma también es clara: Muerto al Pecado, no quiere ser ciudadano de tal reino. Puesto que está con-crucificado con Cristo, deja atrás todos los vicios y malos deseos para vivir de acuerdo al Espíritu, que le hace producir buenos *frutos* (Gal 5:24-26).

Victoria en la Cruz

Algunos creyentes de Corinto presumían de su buena fortuna (sabios, poderosos y bien nacidos, 1Cor 1:26). Eran ricos, les iba bien en la sociedad. Tenían tiempo y medios para recibir una buena educación. Más aun, según ellos, el Espíritu Santo los había colmado de dones. Presumían de hablar lenguas y de curar enfermedades. Incluso competían entre sí para ver quién tenía más dones. Ante sus propios ojos se veían como los *fuertes,* que se permitían decidir qué costumbres sociales iban a guardar y de cuales podían prescindir. Los demás eran los *débiles,* sin mucha educación ni riqueza, con pocos dones del Espíritu Santo y todavía agarrados a los antiguos usos sociales. A *fuertes* y *débiles* Pablo les pide que se fijen en la cruz.

Todos los cristianos estaban familiarizados con la cruz. En las celebraciones eucarísticas recordaban la pasión y muerte de Cristo. Además conocían los dichos de Jesús sobre *tomar la cruz*. Pero las primeras comunidades no habían profundizado sobre el sentido de la cruz. Sólo valoraban el hecho de que Jesús murió crucificado como motivo de salvación para toda la humanidad.

Pablo se fija en el Cristo *vaciado* de Filipenses 2:6-11. Entonces la cruz aparece como el lugar donde Dios se da a conocer, donde el mundo revela su propia condición y donde el sentido de la fe reluce en todo su esplendor.

Dios, el que había liberado a Israel de Egipto *con mano portentosa*, es el que había entregado a su Hijo cuando éramos enemigos. Entonces la cruz es el signo de amor grande que Dios Padre nos tiene. Es un amor que no le permite a Dios dejarnos caídos. La cruz es además el signo del amor de su Hijo Jesús, que no se agarra a sus privilegios divinos para darse por completo para que tengamos vida. Ese Jesús levantado en cruz, es el que ha sido levantado del sepulcro y el que ha sido elevado al trono celestial, abriendo el camino de vida para todos los creyentes. Entonces la cruz nos da a conocer el misterio del amor divino que nos llama a la resurrección.

La cruz nos dice también que el mundo está de camino hacia una nueva creación. Este mundo está ya en proceso de una transformación profunda. El amor de Dios va a triunfar por encima de todos los programas de los *fuertes*, que quieren imponer su paz mediante la fuerza de las armas. Dios da la paz de otra manera. Y Dios tiene la última palabra.

La cruz además cambia el significado de la palabra *creer*: Fe consiste en identificarse con Jesús crucificado. El sufrimiento, lejos de ser un sin sentido, nos ayuda a adquirir la *forma* de Cristo. El creyente se convierte en un testigo de cómo Dios hace las cosas, pues se ha dado cuenta de que Dios elige a los débiles para confundir a los fuertes. El futuro ya no está en las manos de los poderosos. Los auténticos actores de la historia vienen de abajo, de los que Dios levanta.

Finalmente, la cruz le ha revelado a Pablo de que es una persona amada por Dios. Es el amor de *uno que murió por todos* (2Cor 5:14). Pablo siente que el amor de Cristo es tan fuerte, que no hay amenaza ni sufrimiento posible que lo pueda apartar de él (Rm 8:35-39). Conformado con Cristo, Pablo ya se ve *super-victorioso* en medio de tantas pruebas y persecuciones.

Sabiduría y Tontería

Todos aquellos que confían en su propia fuerza, ya sea económica, intelectual, militar o política, piensan que los creyentes en Cristo son unos *tontos*, por pensar que la cruz puede introducir un mundo nuevo. La cruz, desde el punto de vista humano, representado por los griegos y romanos, es un fracaso.

Desde el punto de vista de los judíos, que creen representar a Dios, la cruz es no sólo fracaso, sino escándalo, un insulto para cualquier persona devota. Cristo nace bajo la Ley (Gal 4:4) y muere en la cruz condenado por la Ley (Gal 3:13). La Ley declara al *colgado* como maldito (Dt 21:23).

¿Qué esperaban los judíos del Mesías? El Mesías derrotaría a los temibles imperios paganos que se habían juntando en una alianza maldita. Los enemigos de Israel desaparecerían para siempre. El Templo sería purificado y todo el mundo obedecería la justicia de Dios tal como estaba declarada en la Ley. ¿Qué ven en Jesús? Uno que ha muerto a manos de los paganos; uno que ha dejado a Israel donde estaba, bajo el dominio de los romanos; uno que no ha podido impedir que el mundo viva de acuerdo a la injusticia promovida por la idolatría. ¿Cómo es posible darle el nombre de Mesías a tal individuo?

El escándalo para un judío consiste en decir que precisamente ese *maldito* es el *salvador* enviado por Dios. Hubo un tiempo en que Pablo también pensaba así. Se *avergonzaba* de que hubiera judíos que se imaginaran que un crucificado pudiera ser el camino escogido por Dios para enderezar el mundo. Por eso Pablo, al principio, estaba decidido a terminar con los que seguían el *camino* del Crucificado.

¿Qué le hizo cambiar? El hecho de la resurrección. Pablo dio media vuelta cuando Dios le mostró a su Hijo, el crucificado, a su lado constituido en Señor del universo. La cruz ya no era el destino de un maldito fracasado, sino el signo poderoso del amor de Dios, que estaba empeñado en transformar el mundo. Se habían trastocado los papeles. La sabiduría humana se había quedado muy corta, pensando en victorias militares. Así no cambia el mundo. Dios es el sabio de verdad. El futuro del mundo pasa por la cruz. Pablo aprende a ver el mundo desde la sabiduría de Dios. Por eso dice que sólo puede presumir en "la cruz de nuestro Señor Jesucristo, por quien el mundo está crucificado para mí y yo para el mundo" (Gal 6:14).

Hay dos reinos: el del Pecado y el de Cristo. Pablo ha pasado del *mundo* (el reino del Pecado) al de Cristo (el reino del Espíritu Santo). Su vida ha cambiado de *escandalizarse* del crucificado a *enorgullecerse* en la cruz. La sabiduría humana ha quedado superada; la sabiduría divina dirige los pasos de Pablo.

Ministerio desde la Debilidad

Los cristianos deben estar dispuestos a ser tratados como tontos, ya que no comparten la sabiduría humana que espera la salvación de la mano de los poderosos. Cuando veían a Pablo golpeado, en la cárcel, corriendo de un lugar para otro, algunos pensaban que todo aquello era un fracaso, un sin-sentido, que nunca llegaría a tener éxito en la sociedad. Pero Pablo juzga la situación desde otro punto de vista. La sabiduría divina dice que no hay buena noticia aparte de la cruz. Pablo lo sabe por experiencia. Son muchos los sufrimientos que padece por el evangelio y muchas las alegrías de ver los efectos del evangelio en las personas.

Pablo sufre mucho por causa del evangelio. Viajes incontables, aventuras y naufragios. Víctima tanto de judíos como de romanos, que lo azotan varias veces e incluso lo apedrean hasta darlo por muerto. Peligros en la ciudad, en el despoblado y en el mar. Trabajo duro y fatiga sin respiro. Frío y desnudez. Muchos días sin comer (2Cor 11:24-27). Pablo llega hasta el extremo de decir a los Corintios que ha estado en una situación tan dura, *más allá de toda medida* y *más allá de todas sus fuerzas* que perdió la esperanza de seguir vivo (2Cor 1:8).

Sin embargo, Pablo rechaza voluntariamente usar los métodos del *mundo* para tener éxito. Tiene delante el ejemplo de Cristo, que siendo Dios no actuó desde la divinidad, sino que se hizo servidor de todos. Jesús apareció ante el mundo como persona pobre que puede ser fácilmente arrinconada. El mensajero del Evangelio sigue sus pasos y renuncia a vencer con los medios del mundo. Por eso aparece ante todos como algo que se puede desechar, como un ser inútil (1Cor 4:11-13). Pablo lleva adelante su misión con los medios que le proporciona Cristo.

Pablo hace ministerio desde la debilidad porque sale al encuentro de las personas y les habla del *tesoro* que ha descubierto, cuando Dios entró en su vida. Ahora invita a otros a que den el mismo paso que él dio. Dios tuvo misericordia con él y Dios la tiene con todo el mundo. Ahora recorre las ciudades proclamando la gran maravilla que Dios ha hecho con la humanidad.

Pero Pablo no es un héroe que supere una multitud de obstáculos mediante su propio esfuerzo. Ni tampoco pulveriza al enemigo. Al revés, parece que siempre lleva las de perder. La labor misionera lo somete a un continuo desgaste, "el proceso de morir de Jesús en el cuerpo, para que la vida de Jesús se manifieste en nuestro cuerpo" (2Cor 4:10). El proceso de muerte de Jesús lo llevó a la cruz, pero como paso para la resurrección. Lo mismo se está dando en Pablo (y en todo misionero). "Porque nosotros, los vivientes estamos siempre entregados a la muerte por Jesús, para que también la vida de Jesús se manifieste en nuestra carne mortal, de modo que en nosotros actúa la muerte" para que en ustedes actúe la vida (2Cor 4:11-12).

En ese debilitamiento de las fuerzas físicas, producto de una vida esforzada dedicada al ministerio, Pablo se identifica con el Cristo sufriente como parte del proceso de transformación que lleva a la resurrección: "Por tanto, no nos desanimamos; sino que, aunque el hombre exterior se deteriore, nuestro interior se renueva de día en día" (2Cor

4:16). Las adversidades y los sufrimientos hacen que Pablo vaya perdiendo sus fuerzas físicas; es el hombre exterior que se va consumiendo como una vela. Pero, por dentro, se va fortaleciendo, pues nota la fuerza de la resurrección con más intensidad. Pablo mira hacia adelante, al tiempo de su unión definitiva con Cristo. Va de camino hacia la resurrección: La condición mortal será *tragada* por la vida eterna (2Cor 5:4). Es lo que celebramos cada Pascua: Por la cruz a la resurrección.

Vasija de Barro

La gloria de la antigua alianza ha dejado paso a la gloria más espléndida de la nueva alianza presente, que Pablo proclama (2Cor 3:9-10). Pero este tesoro lo *llevamos en vasijas de barro*, para que se vea claramente que este gran poder no procede de nosotros sino de Dios (2Cor 4:7).

Aquí está la raíz de que Pablo se sienta *super-victorioso.* "Oprimidos por todas partes, pero no aplastados; apurados, pero no desesperados; perseguidos, pero no abandonados; derribados, pero no rematados" (2Cor 4:8-9). Este es el proceso de morir, que identifica a Pablo con Cristo sufriente y que lo acerca a su resurrección.

Dios es un experto alfarero y modela la vasija de barro a su gusto. Pablo es una de esas vasijas (Hechos 9:15), el contenedor donde todos pueden beber el evangelio. Pero una vasija de barro es algo delicado, fácilmente se rompe y se desecha. Así se ve Pablo.

Pablo es consciente de lo que dice la gente de él: que no es tan bien parecido como los otros apóstoles, que no predica tan bien como otros misioneros, que por carta parece algo, pero en persona es poca cosa; que no se puede comparar a otros cristianos muy espirituales que han tenido visiones y experiencias extraordinarias. Pablo lo acepta, aunque podría fácilmente corregir tales opiniones para poner las cosas en su punto. No lo va a hacer. Así brilla más el poder de Dios en su actividad ministerial; precisamente porque el medio humano es tan débil, la fuerza de Dios resplandece con más claridad. Aquí no hay engaño de palabrería ni de magia. Es Dios en toda su majestad.

Pablo ha aprendido la lección más importante de su vida, palabras de Jesús que perduran en Pablo durante toda su existencia: "Te basta mi gracia, pues la fuerza alcanza su objetivo en la debilidad. Por tanto, con gusto me enorgulleceré en mis debilidades, para que habite en mí la fuerza de Cristo. Por tanto me complazco en debilidades, en insultos, en necesidades, en persecuciones, en angustias por Cristo, pues cuando soy débil, entonces soy fuerte" (2Cor 12:9-10). Esta es la necedad que la gente no entiende, pero que Pablo ha experimentado ser verdad muchas veces en su vida.

Pablo, mártir

En el año 64 Pedro y Pablo murieron mártires durante las persecuciones de Nerón. Al parecer lo hicieron en compañía de muchos otros cristianos. Pablo fue uno más del montón, sin distinción alguna, a pesar de que se suele pintar a Pablo con una espada, como si su muerte hubiera sido una ejecución distinguida, la de cortarle la cabeza con una espada, como correspondía a un ciudadano romano. Pero no hay testimonio histórico que permita afirmarlo. Para mí, Pablo murió en buena compañía, con sus hermanos y hermanas mártires en Roma.

PABLO, COMPAÑERO DE VIAJE

Podría decir muchas más cosas de Pablo, mi compañero de viaje. Fundó muchas comunidades. Supo hacer una síntesis de fe y cultura. Ha sido modelo de misionero para la posteridad cristiana… Pero yo veo a Pablo como el hombre al que Cristo *alcanzó* y que respondió a su vocación con una dedicación total. Pablo supo poseerse como persona humana y, al poseerse, se dejó domesticar por Cristo y se dio enteramente en servicio a los demás, porque así se lo pidió Dios. Se desgastó en fidelidad, precisamente porque dejó que Dios guiara su vida, en lugar de empeñarse en hacer su propio proyecto. Así no tuvo miedo en llamarse esclavo ni servidor ni apóstol. Desde esta perspectiva, tampoco tuvo reparos en llamar a los demás hermanos y hermanas, ni de comportarse como un padre para ellos, porque Cristo había roto todas las barreras que los humanos levantamos. Pablo fue el hombre libre, que no se dejó atar por intereses particulares, ni se dejó amedrentar por las amenazas de los poderosos. Pablo negó el señorío al César, sin dejar de respetarlo como autoridad pública, encargada de buscar el bien común. Proclamó que el Señorío de Cristo había comenzado y que este mundo está en proceso de transformación. Este es mi amigo Pablo, que va a mi lado, acompañándome en el camino de la vida.

Printed in the United States
By Bookmasters